BB
Management

ARBEITSHEFTE

Herausgegeben von

Prof. Dr. Ekkehard Crisand, Wilhelmsfeld und
Prof. Dr. Gerhard Raab, Ginsheim-Gustavburg

Moderne Personal-Ent-Wicklung

von

Diplom-Betriebswirt/Diplom-Psychologe
Franz Albert Comes
Sulzbach/Saar

Verlag Recht und Wirtschaft GmbH
Heidelberg

Bibliografische Information Der Deutschen Bibliothek

Die Deutsche Bibliothek verzeichnet diese Publikation in der Deutschen Nationalbibliografie; detaillierte bibliografische Daten sind im Internet über http://dnb.ddb.de abrufbar.

ISBN 3-8005-7295-8

Druckvorstufe: H&S Team für Fotosatz GmbH, 68775 Ketsch

Druck und Verarbeitung: Wilhelm & Adam, Werbe- und Verlagsdruck GmbH, 63150 Heusenstamm

Umschlagentwurf: Rainer Schmitt, 68199 Mannheim

♾ Gedruckt auf säurefreiem, alterungsbeständigem Papier, hergestellt aus chlorfrei gebleichtem Zellstoff (TCF-Norm)

Printed in Germany

Vorwort

Mit dem vorliegenden Band soll nicht – und kann selbstverständlich auch nicht – das Thema *Personalentwicklung* in allen seinen praktischen und wissenschaftlichen Facetten erschöpfend behandelt werden. Diesbezüglich sei auf umfangreichere und noch stärker systematisierte und strukturierte Handbücher verwiesen (ich habe demzufolge Verweise und Zitate um der Lesbarkeit willen auf das Nötigste beschränkt). Vielmehr geht es mir darum, Sie, liebe Leserin, lieber Leser für eine *ganzheitliche Sichtweise* dieser Thematik zu sensibilisieren. Dabei kann ich neben meiner betriebswirtschaftlichen und psychologischen Ausbildung auf vielfältige berufliche Erfahrungen, u. a. als Führungskraft, Psychotherapeut, Berater und Coach, in unterschiedlichen Organisationssettings zurückgreifen.

Meine berufliche Tätigkeit basiert auf der Überzeugung, dass langfristig erfolgreiches unternehmerisches oder organisationales Handeln nur gewährleistet ist, wenn „der menschliche Faktor" konsequent beachtet wird. Dies bedeutet, Mitarbeiterinnen und Mitarbeiter als mit-denkende und mit-fühlende Menschen zu betrachten, als handelnde Subjekte, nicht als passive Objekte von Entscheidungen des Managements. Zwar wird eine solche *humane Grundhaltung* häufig in wohlklingenden Unternehmensleitlinien und Führungsprinzipien verkündet. Im beruflichen Alltag stellt sich jedoch oftmals heraus, dass Einstellung und tatsächliches Verhalten nicht immer übereinstimmen. Mitarbeiter werden zumindest in Krisenzeiten eher als *Kostenfaktoren* denn als entscheidende *Voraussetzung für Produktivität und Effizienz* im Unternehmen betrachtet. Eine rein zahlenorientierte betriebswirtschaftliche Sichtweise mag in Zeiten wirtschaftlicher Not ultima ratio sein. In vielen Unternehmen wird m. E. jedoch allzu schnell der Rotstift angesetzt, ohne die nachteiligen Auswirkungen einer solchen „Personalpolitik" auf die Motivation und das Betriebsklima zu bedenken. Es lässt sich ohne weiteres betriebswirtschaftlich belegen, dass die von mir vorgeschlagene Grundhaltung im Umgang mit Mitarbeiterinnen und Mitarbeitern auch unter shareholder-value-Aspekten langfristig die intelligentere Unternehmenspolitik ist. Eine solche Erkenntnis setzt allerdings auch voraus, dass das Management die eigene Bedeutung zugunsten einer echten Mitarbeiterorientierung zurückstellt. Die Unternehmensführung muss auch für kritische Rückmeldungen der Mitarbeiter vor Ort offen sein.

Das Arbeitsheft möchte nicht zuletzt anhand von *positiven Praxisbeispielen* dazu beitragen, eine solche offene und selbstkritische Haltung vor allem bei Personal- und Führungsverantwortlichen in Unternehmen und Organisationen anzuregen. Denn auch ich habe für mich den Anspruch:

Das ist klarste Kritik von der Welt,
wenn neben das, was ihm missfällt,
einer was Eigenes, Besseres stellt.

Geibel, Sprüche 28

Sulzbach/Saar, im Januar 2004

Franz Albert Comes

Inhaltsverzeichnis

1. Personalentwicklung – herkömmlich verstanden

Der Begriff „Personalentwicklung“ taucht erstmals ab Mitte der siebziger Jahre auf. Inzwischen hat sich der Begriff etabliert[1].

1.1 Die traditionelle Definition der Personalentwicklung

Traditionell wird unter Personalentwicklung die Förderung der beruflichen Qualifikation im Rahmen der beruflichen Weiterbildung verstanden. Thematisch geht es dabei nicht nur um die fachlichen Kenntnisse und Fertigkeiten sondern auch um überfachliche Kompetenzen, wie die Optimierung des Kommunikations- und Führungsverhaltens, die Teamentwicklung und die Verbesserung der Konflikt- und Stressbewältigung.

In einer Studie der HRblue AG, Baldham,[2] aus dem Jahr 2002 zu aktuellen und zukünftigen Themen in der Personalentwicklung werden die folgenden Themen als besonders wichtig herausgestellt:

1. Gewinnung qualifizierter Mitarbeiter
2. Mitarbeiterführung
3. Personalweiterbildung
4. Mitarbeiterbindung

Exkurs:
Eigene empirische Ergebnisse einer eigenen Studie zur betrieblichen Weiterbildung

In einer von mir 1999 durchgeführten –, allerdings regional begrenzten, – Studie zur betrieblichen Weiterbildung (iwd-Studie) im Auftrag eines Anbieters von Weiterbildungsdienstleistungen gaben Personalleiter und Geschäftsführer folgende Themenbereiche als vorrangig an:

1. EDV
2. Sprachen
3. Führung
4. Marketing/Vertrieb
5. Umweltschutz

---

1 Vgl. hierzu die zusammenfassende Darstellung von Heinz Holling und Detlev Liepmann in: SCHULER, H. (Hrsg.): Lehrbuch Organisationspsychologie, Göttingen 1993.
2 www.hrblue.com

Insbesondere von größeren Unternehmen wurden zusätzlich

- *Kontinuierliche Verbesserungsprozesse (KVP),*
- Förderung des *Betrieblichen Vorschlagswesens* sowie
- *Qualitätsmanagement* genannt.

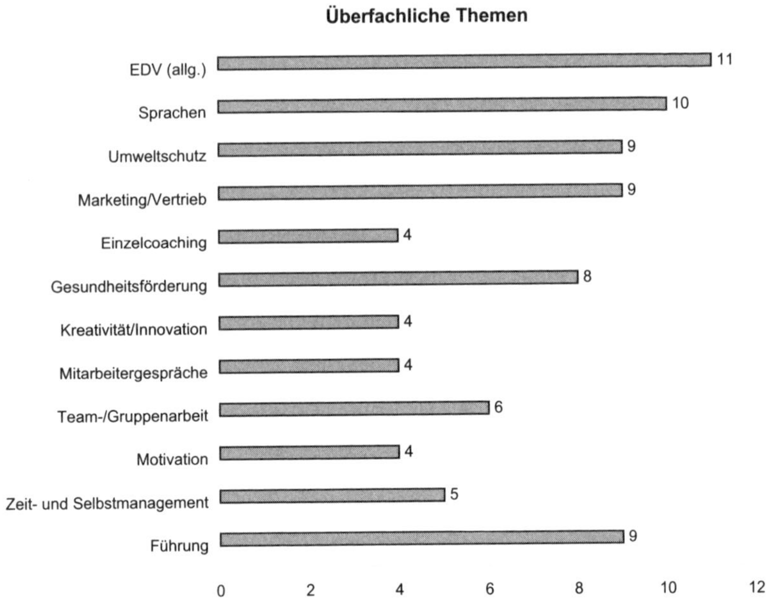

Überfachliche Themen in der betrieblichen Weiterbildung (iwd-Studie)[3]
(Angabe der Häufigkeit der Themen in Prozent der Befragten; Mehrfachnennungen möglich)

In der konkreten Planung der zukünftigen Weiterbildungsmaßnahmen war die Themenpalette breit gestreut und reichte von *Arbeitssicherheit* und *EDV* über *Projekt- und Zeitmanagement* bis zu *Außendienst- und Telefontraining.*

Insgesamt entstand bei der Befragung der Unternehmen der Eindruck, dass bei den Entscheidern zwar ein Bewusstsein für die Bedeutung überfachlicher Themen vorhanden war, in der betrieblichen Praxis jedoch eher pragmatisch vorgegangen wird. Hier hat das

3 (Befragungsergebnis (1999) von n = 16 mittelständischen und Groß-Unternehmen unterschiedlicher Branchen im Saarland mit insgesamt 16.000 Mitarbeitern (Quelle: iwd-Studie des Autors als Inhaber der ***IPS*** Personalberatung, Saarbrücken)

➡ Erlernen praktisch umsetzbaren Know-hows

offenbar den Vorrang vor übergreifenden, eher (organisations-)psychologisch ausgerichteten Themen, mit Ausnahme der relativ häufig anzutreffenden kommunikations- und motivationsorientierten Schulung von Führungskräften. Dabei wird den Mitarbeitern nicht selten ein neues, aktuelles Thema „übergestülpt", d.h. es wird erwartet, dass sie sich das entsprechende Wissen aneignen.

Ein solches Verständnis von Personalentwicklung ist zwar nachvollziehbar, weil es sich an den jeweils aktuellen Bedürfnissen der betrieblichen Praxis orientiert. Es birgt jedoch die Gefahr in sich, dass das Unternehmen quasi zum Opfer gesellschafts- und wirtschaftspolitischer Entwicklungen wird, indem es ständig den gerade modernen Themen, z.B. im EDV-Bereich, nachläuft, um ja nicht den Anschluss zu verlieren. Im betrieblichen Alltag kann dies dazu führen, dass die Mitarbeiter ständig mit Neuerungen konfrontiert werden und so ein chronisches Gefühl der Unzulänglichkeit eigenen Wissens und Könnens entwickeln. Wie aus der sozialpsychologischen Forschung schon lange bekannt[4], folgt aus Frustration nicht selten Aggression, manchmal auch Resignation. Und das wiederum hat natürlich entsprechende ungünstige Auswirkungen auf das Betriebsklima und die Motivation der Mitarbeiter, somit auch auf die Produktivität des Unternehmens.

> **Mitarbeiter sind keine Versuchskaninchen für Führungskräfte ...**
> ... die meinen, gute Führung und unternehmerische Qualität erschöpfe sich darin, modernistisch den jeweils angesagten Managementtheorien und -konzepten hinterherzuhecheln.

1.2 Neuere Facetten der Personalentwicklung

1.2.1 Interne und externe Personalentwicklung

Diese Unterscheidung bezieht sich darauf, ob die Maßnahmen zur Personalentwicklung unternehmensintern abgewickelt werden (= *interne Personalentwicklung*) oder ob entsprechende Aufträge, z.B. zur Durchführung

4 Vgl. CRISAND, E.: Arbeitshefte Führungspsychologie, Band 1 „Psychologie der Persönlichkeit", 6. Aufl., Heidelberg 1992.

von Seminaren und Trainings, an Anbieter von Weiterbildungsdienstleistungen vergeben werden (= *externe Weiterbildung*).

1.2.2 Zentrale und dezentrale Personalentwicklung

Ausgehend von dem Bewusstsein darüber, dass die Mitarbeiter immer mehr als größter Erfolgsfaktor des Unternehmens gesehen werden, wurde Personal-Ent-Wicklung zunehmend als wertschöpfende Tätigkeit gesehen, die nicht mehr von einer *zentralen Stelle*, sondern *dezentral durch die jeweiligen Führungskräfte* gesteuert werden sollte.

1.2.3 Die Führungskraft als Coach

Im Zuge der dezentralen Personalentwicklung entwickelte sich eine Tendenz, *Führungskräfte als Trainer und Coach ihrer Mitarbeiter* zu sehen, um so die Mitarbeiter in Zeiten des Wandels und der Unsicherheit besser zu motivieren (zum Begriff des Coachings vgl. die Ausführungen in *Kapitel 3.10*).

1.2.4 Wissensmanagement

Personalentwicklung heißt auch, das *Wissen der Mitarbeiter als intellektuelles Kapital* und damit als Wertfaktor zu begreifen und organisatorische bzw. informationstechnologische Voraussetzungen dafür zu schaffen, die Wissensressourcen der Mitarbeiter für die *Wertschöpfung im Unternehmen* zu nutzen.

1.3 Personalentwicklung in Krisenzeiten

Die aktuelle konjunkturelle Entwicklung hat auch ihre Spuren in der Personalentwicklung hinterlassen. Die Budgets für Weiterbildung und Trainings wurden zum Teil radikal gekürzt, externe Anbieter von Weiterbildungsmaßnahmen werden seltener beauftragt. Freie Trainer bzw. Anbieter von Personalentwicklungsmodulen sprechen von Umsatzrückgängen im Bereich bis zu 40 %. Schulungen werden nicht selten in Form interner Fortbildungen, z.B. durch qualifizierte eigene Mitarbeiter, durchgeführt. Das operative Geschäft steht im Vordergrund, für strategische Maßnahmen fehlt das Geld. Häufig kommt es zu Kurzarbeit und Personalabbau.

So nachvollziehbar und verständlich diese Reaktion der Unternehmen einerseits ist, so falsch und vordergründig problemlösend ist sie andererseits, wenn man sie betriebswirtschaftlich und organisationspsychologisch in all ihren Konsequenzen durchdenkt. Eine langfristige Perspektive müsste bei einer Unternehmenskrise die folgenden Effekte und „Nebenwirkungen" einer kurzfristigen, rein kostenorientierten Vorgehensweise einbeziehen:

- Das *Betriebsklima* verschlechtert sich durch die zunehmende Angst um den Arbeitsplatz. Mitarbeiter werden demotiviert.
- Die *Kommunikation* und die *Beziehungen* im Unternehmen verschlechtern sich.
- *Statt Teamorientierung und Kooperation* breiten sich *Konkurrenzdenken* und *Fehlervertuschung* aus.
- Der *„Dienst nach Vorschrift"* erhält zusehends Priorität, Richtlinien und Anweisungen treten in den Vordergrund.
- *Feindseligkeiten* und *Streitereien* über Kleinigkeiten vergiften das Betriebsklima.
- In einem Klima von Angst und sinkender Arbeitsmoral kommt es vermehrt zu *Mobbing*, was wiederum zu verstärkten psychosomatischen Beschwerden und ggf. zu erhöhten *krankheitsbedingten Fehlzeiten* führt.
- Die Gerüchteküche brodelt und trägt zusätzlich zur *Desinformation und Verunsicherung* der Mitarbeiter bei.
- Gute Mitarbeiter wandern ab, das *Leistungsniveau des Unternehmens sinkt* in Richtung Mittelmaß.

Fazit:
In einer schwierigen wirtschaftlichen Situation ist intelligentes Krisenmanagement gefragt, kein rein kostenorientiertes Agieren von „Nieten in Nadelstreifen."

Grundvoraussetzung für die erfolgreiche Bewältigung der Unternehmenskrise ist die umfassende Einbeziehung aller Mitarbeiter im Sinne einer humanistisch ausgerichteten *Ent-Wicklungsorientierung*, wie sie in diesem Buch dargelegt wird.

> Es tut Not, dass *Mitarbeiter* endlich *als Partner* betrachtet werden anstatt als passive Objekte, die man wie Figuren in einem Spiel nach Belieben umherschiebt und notfalls eben „entsorgt", wenn sie nicht mehr gebraucht werden.

2. Personal-Ent-Wicklung – neu und radikal[5] interpretiert

Das Eingangsportal der Internetseite der Personalentwicklung der Universität Wien[6] beginnt mit dem Spruch:

> *„Man kann einem Menschen nichts beibringen.*
> *Man kann ihm nur helfen, es in sich selbst zu entdecken."*

Diese Sätze fassen eine tiefe und humane Weisheit von der ursprünglichen Vollkommenheit des Individuums zusammen, die sich auch als Kerngedanke in modernen *philosophischen, psychotherapeutischen und systemischen (Beratungs-)Ansätzen* wiederfindet.

2.1 Einflüsse aus der humanistischen Philosophie, Psychologie und Psychotherapie bzw. der systemischen und Kommunikations-Theorie

Je nachdem, wie ich „die Wirklichkeit" betrachte, wie ich über andere Menschen denke und welche Einstellungen ich über andere Personen habe, werde ich mein Handeln konstruieren. Ich habe also ein bestimmtes *Menschenbild*. Die vorliegende Arbeit basiert auf einem Menschenbild, das man am ehesten der *humanistischen Philosophie* zuordnen könnte. Dabei gehe ich aus von den Vorstellungen eines positiven Menschen, wie er z.B. durch Erich FROMM[7] folgendermaßen formuliert wurde:

Eine humanistische Philosophie:

> *„ist erstens gekennzeichnet durch den Glauben an die Einheit der Menschheit, durch den Glauben, dass es nichts Menschliches gibt, das nicht in jedem von uns zu finden wäre. Zweitens durch die Würde des Menschen, drittens durch die Betonung der Fähigkeit des Menschen, sich weiterzuentwickeln und zu vervollkommnen, schließlich viertens durch die Betonung von Vernunft, Objektivität und Frieden."*

---

5 Radikal hier verstanden in seiner etymologischen Ur-Bedeutung: an die Wurzel gehend; von Grund auf.

6 http://www.univie.ac.at/personalentwicklung/

7 Zitiert in: RAAB, S.: Entwicklung personaler und sozialer Ressourcen in Organisationen. Frankfurt am Main 1993.

Ähnliche Kerngedanken finden sich auch in psychotherapeutischen Konzepten. So beruht der therapeutische Effekt der *Gesprächpsychotherapie* nach Carl ROGERS nicht zuletzt darauf, dass der Therapeut sich im Gespräch mit seinem Klienten in hohem Maße empathisch, also einfühlend, verhält und sich bemüht, dessen Sicht- und Erlebnisweise nachzuvollziehen und zu verstehen.

Der so genannte *systemische Ansatz*[8], der in den letzten Jahren zunehmend in der Unternehmensberatung und im Coaching Anklang gefunden hat, geht u.a. davon aus, dass die Kompetenz des Klientensystems immer die Kompetenz des Coachs übertrifft. Demnach darf einem Klienten auf keinen Fall ein Rat von außen übergestülpt werden. Die Verantwortung muss immer beim Klienten verbleiben. Ein Coach oder Berater hat lediglich die Aufgabe, den Klienten bei der Umsetzung der vorhandenen Kompetenz zu unterstützen.

2.2 Übertragung der humanistischen Philosophie auf den Bereich der Personal-Ent-Wicklung

In einem ähnlichen Sinne wie in den genannten psychotherapeutischen bzw. kommunikationstheoretischen Ansätzen wird hier *Personal-Ent-Wicklung* verstanden.

> Beim *Ent-wickeln* geht es – im wahrsten Sinne des Wortes – darum, etwas, was bereits vorhanden ist, freizulegen. Das, was bislang „verwickelt" war, soll sich entfalten können.

Für die Praxis einer so verstandenen

Personal – Ent – Wicklung

bedeutet dies, dass wir offen sein müssen für das, was die Mitarbeiterinnen und Mitarbeiter als Potenzial mitbringen.

8 Ein Grundprinzip systemischen Denkens ist z.B., dass individuelles Verhalten als Strategie innerhalb eines Beziehungsnetzes verstanden wird und nicht als Ausfluss der persönlichen Eigenart bzw. des Charakters eines Menschen. Systemisch orientierte psychotherapeutische Ansätze wurden von HALEY, SELVINI, FRANKL und WATZLAWICK entwickelt.

Basis des Unternehmenserfolges ist die Ressource Mensch.

Wenn es gelingt, Mitarbeitern den Freiraum zur Entfaltung ihrer Möglichkeiten zu bieten bzw. sie dabei zu fördern und zu unterstützen, ist dies die beste Voraussetzung für einen langfristigen Unternehmenserfolg im Sinne einer Existenzsicherung des Unternehmens und seiner Arbeitsplätze.

Wer diese grundlegende „Philosophie“ verstanden und verinnerlicht hat, wird hieraus problemlos

➡ **Ziele und Maßnahmen für die Praxis der modernen Personal-Ent-Wicklung**

im Unternehmen ableiten können. Eine solchermaßen radikal verstandene *Personal-Ent-Wicklung beinhaltet drei Grundprinzipien*:

- Sie ist *individuell* auf die Mitarbeiter des Unternehmens ausgerichtet.
- Ziele und Maßnahmen der Personal-Ent-Wicklung werden *kooperativ* gefunden und konzipiert.
- Sie vernachlässigt zwar nicht bestehende Wissens- und Verhaltensdefizite. Sie stellt jedoch nicht solche Defizite der Mitarbeiter in den Vordergrund, sondern ist konsequent *ressourcenorientiert.*

Ich kann nur Rolf KÜBEL[9] zustimmen, der die Thematik wie folgt zusammenfasst:

Die *Ressource Mensch* ist der ungehobene Schatz. In den meisten Mitarbeitern steckt sehr viel mehr Kompetenz, Kreativität und Leistungswillen, als ihnen abverlangt wird, weil Arbeitsgestaltung und Organisation auf einem Stand verharren, der ein Aufblühen der Qualitäten der Mitarbeiter verhindert.

Wer bereit und fähig ist, neue Wege zu beschreiten, um dieses Potenzial zu nutzen, wird sich ungeahnte Freiräume schaffen. Er wird zu jenen gehören, die eine neue Zeit einläuten und einen entscheidenden Schritt hin zur dauerhaften Zukunftssicherung des Unternehmens machen.

9 KÜBEL, R.: Ressource Mensch. Erfolg durch Individualität. München 1990.

Eine moderne Personal-Ent-Wicklung vertraut darauf, dass *Wert-Schöpfung* im Unternehmen aus der *Wert-Schätzung* der Mitarbeiter entsteht. So gesehen fördert *Personal-Ent-Wicklung* die *Vermögens-Entwicklung* des Unternehmens, und Führungskräfte werden zu „Vermögens-Beratern" ihrer Mitarbeiter[10].

2.3 Das Konzept der Zukunftskompetenzen

Eine ganzheitliche Betrachtung der menschlichen Arbeit zeigt, dass auch auf der Seite des einzelnen Mitarbeiters *Kompetenzen in verschiedenen Bereichen* vorhanden sein müssen, um ihm eine erfolgreiche Teilnahme am Prozess der wirtschaftlichen Leistungserbringung zu ermöglichen. Dabei gelten die folgenden Kompetenzen als wesentlich:[11]

Methodenkompetenz
- Fähigkeit, Fachwissen zu kombinieren und zu ergänzen
- Abstraktionsfähigkeit
- Problemlösungs- und Entscheidungsfähigkeit

Fachkompetenz
- Fachliches Grundlagenwissen
- Spezialwissen (lifelong learning)
- Interdisziplinäres Wissen

Sozialkompetenz
- Teamfähigkeit
- Kooperationsfähigkeit
- Kommunikationsfähigkeit
- Vorbildfunktion
- Selbstaktivierung/Selbstverantwortung

Medienkompetenz
- Informations- und Kommunikationstechnologien nutzen
- Wissen managen
- Informationen nach Wichtigkeit filtern
- Kreativitätstools einsetzen

10 Diese schöne Metapher stammt von Jürgen FUCHS, Vorstand der CSC Ploenzke AG; s. www.risknews.de 09.2002.

11 Quelle: Prof. Hans-Jörg Bullinger in „Arbeit der Zukunft - Zukunft der Arbeit", randstad zeit-arbeit 1998.

3. Zur Praxis der modernen Personal-Ent-Wicklung

Selbstverständlich geht es mir mit der vorliegenden Arbeit nicht darum, „das Rad neu zu erfinden." Die nachfolgenden Modelle, Konzepte bzw. Personal- und Organisationsentwicklungsansätze entsprechen jedoch meiner „Philosophie" einer modernen Personal- (und Organisations-) Ent-Wicklung und haben sich in der Praxis bewährt.

3. 1 „Den Fisch vom Kopf her zubereiten"

Stellen Sie sich folgendes *Szenario* vor:

> *Sie rufen bei einem Unternehmen an. Zunächst dauert es eine Weile, bis auf der anderen Seite abgehoben wird. Schließlich meldet sich eine (männliche oder weibliche) Stimme, sehr schnell und undeutlich sprechend, ohne Gruß. Sie grüßen höflich, sagen, wer Sie sind und wen Sie zu sprechen wünschen. Wortlos wird die Verbindung getrennt, und Sie hängen wieder eine Zeit lang in der Leitung ... Einige Tage danach besuchen Sie die Firma persönlich. Schon am Empfang stellen Sie fest, dass Sie zunächst einmal gar nicht beachtet werden usw. usw. ...*
>
> *Sie fragen sich, woran das liegt, dass die Mitarbeiter dieses Unternehmens offenbar Kunden oder Geschäftspartnern so wenig Beachtung und Freundlichkeit entgegenbringen. Wenn sich solche Erfahrungen mit einem Unternehmen häufen, gibt es hierauf nur eine Antwort:*
>
> *Wenn Mitarbeiter mit Kunden und Geschäftspartnern ihres Unternehmens unfreundlich umgehen, stellt sich die Frage, wie gut ein solches Unternehmen geführt wird. Oder: Um es mit einem geflügelten Wort zu sagen:*

„Der Fisch stinkt vom Kopf her."

Die Verantwortung für ein gutes Betriebsklima und für motivationsfördernde Rahmenbedingungen im Unternehmen liegt in erster Linie bei der Unternehmensführung. Sie muss die Voraussetzungen dafür schaffen, dass Mitarbeiterinnen und Mitarbeiter ihr volles Potenzial entfalten können.

Deshalb besteht die *wichtigste Personal-Ent-Wicklungsmaßnahme* darin, dass sich die *Unternehmensführung* ihrer Verantwortung bewusst ist und dies gegenüber den Mitarbeitern, Kunden, Geschäftspartnern und der Öffentlichkeit deutlich macht. Der Maßstab für eine tatsächliche Verantwortungsübernahme ist hier ausschließlich das tatsächliche Handeln der Unternehmensleitung. Wohlklingende Unternehmensleitlinien und Führungsgrundsätze, die im Alltag nicht tatsächlich gelebt werden, können Mitarbeiter nicht überzeugen und wirken sich in Anbetracht alltäglich erlebter Diskrepanzen zwischen Anspruch und Wirklichkeit demotivierend und entsprechend nachteilig für das Unternehmensergebnis aus. Am *Anfang eines modernen Personal-Ent-Wicklungskonzeptes* muss deshalb ein klarer

„Ich-will-Auftrag“

der obersten Ebene der Unternehmensführung stehen.

3.2 Die Rolle der Führungskräfte in der modernen Personal-Ent-Wicklung

Der Einfluss der Führungskräfte auf das Befinden, die Motivation und das Leistungsverhalten der Mitarbeiter ist groß. So gesehen, sind Führungskräfte die eigentlichen Personalentwickler. Dies gilt in der Regel sowohl im Positiven als auch im Negativen:

	☺	
Positives Verhalten der Führungskraft	☞	**positives Verhalten** des Mitarbeiters
	☹	
Negatives Verhalten der Führungskraft	☞	**negatives Verhalten** des Mitarbeiters

So wurden in einer Erhebung der Zusammenhang zwischen Belastungssituation und Reaktionstendenz von Führungskräften thematisiert. 84 Führungskräfte wurden befragt.[12] Besonders auffällig waren die Ergebnisse von Personen mit einem *Typ-A-Verhalten.* Diese Menschen versuchen, möglichst viele Aufgaben in möglichst kurzer Zeit zu erledigen, auch gegen den Widerstand anderer oder gegen sachliche Barrieren. Es zeigt sich, dass *Führungskräfte mit einem ausgeprägten Typ-A-Verhalten* auf ihre soziale Umwelt in aggressiver und unterdrückender Art und Weise reagierten. Sie gaben von sich aus keine relevanten Informationen weiter, machten andere vor Dritten lächerlich, stellten Mitarbeitern überfordernde Aufgaben, betrieben soziale Isolation der Person und demonstrierten einschüchternde Überlegenheit anderen Personen gegenüber. Aus einem solchen Verhalten resultiert mit großer Wahrscheinlichkeit ein *defizitäres Gruppenklima.*

Daniel GOLEMAN[13] ist es zu verdanken, dass die Bedeutung von *Einfühlungsvermögen, Kommunikationsfähigkeit* und *Gespür für den Umgang mit Menschen* für das erfolgreiche Führen eines Unternehmens in der Wirtschaft verstärkt thematisiert wird. GOLEMAN prägte in diesem Zusammenhang den Begriff der „emotionalen Intelligenz."

Die Bewältigung von Führungsaufgaben in einer globalisierten Wirtschaft erfordert eine neue *Führungskultur.* Manager ohne zwischenmenschliches Geschick und ohne einen kooperativen Führungsstil werden trotz hoher fachlicher Kompetenz nicht erfolgreich sein. Die Wurzel des Erfolges ist hierbei die Verbindung von „weicher" emotionaler Intelligenz mit herausragenden „harten" Management-Qualifikationen.

Die *5 Komponenten emotionaler Intelligenz* sind:

- *Selbstreflektion/Selbsterkenntnis*
  Selbstvertrauen, emotionales Bewusstsein, Fähigkeit zur Selbstkritik, Humor
- *Selbstkontrolle/Selbstregulierung*
  Integrität, Vertrauenswürdigkeit, Flexibilität, Leistungsdrang
- *Selbstmotivation*
  Fähigkeit, eigene Emotionen zum Leistungsantrieb zu nutzen

12 Vgl. VON ECKARDSTEIN, D. et al.: Psychische Befindensbeeinträchtgungen und Gesundheit im Betrieb, München und Mering 1995.

13 GOLEMAN, D.: EQ2 – der Erfolgsquotient. München 1999.

- *Soziale Wahrnehmung (Empathie)*
  Fähigkeit, die Talente anderer zu erkennen, Teamplayer, interkulturelle Sensibilität
- *Soziale Fähigkeiten*
  Durchsetzungsfähigkeit, Teamleader, kann andere für die Ziele begeistern

Von der emotionalen Intelligenz eines Mitarbeiters mit Führungsverantwortung hängt es ab, ob er das *Vertrauen* seiner Mitarbeiter gewinnt, sie für Innovationen und Projekte *begeistern* kann, *Entscheidungen durchsetzen* und *Konflikte konstruktiv lösen* kann. Nur Führungskräfte, die den emotionalen Bedürfnissen ihrer Mitarbeiter gerecht werden, werden auf Dauer erfolgreich sein. Was bedeutet dies jedoch für den Führungsalltag?

In hierarchischen Unternehmen oder Organisationen bilden *Angstgefühle* das zentrale Konfliktpotenzial zwischen Führungskräften und Mitarbeitern. So können sich bei *Umstrukturierungen* einerseits Ängste der Mitarbeiter vor Positionsverlusten und Ängste der Führungskräfte vor sich verstärkenden Anfeindungen ihrer Mitarbeiter hochschaukeln. Dabei kann die Nichtbewältigung der Angst die Abwehr der Ängste verstärken.

Besonders problematisch in diesem Zusammenhang ist ein *narzisstisches Führungsverhalten.* Narzisstische Manager werden geplagt von Gefühlen des Verlustes und der Leere, begleitet von Unsicherheit und Selbstzweifel. Im Streben nach Anerkennung und Wertschätzung müssen sie ihre Vorzüge demonstrieren. Macht- oder Prestigestreben werden für solche Führungskräfte wichtiger als ihre Verpflichtungen gegenüber den Unternehmenszielen und Leistungen. Solche Menschen sind unfähig, ihre eigenen Gefühle wahrzunehmen und danach zu handeln, sie verfügen über kein stabiles Selbstwertgefühl. Um dies zu kompensieren, neigen sie – je nach den jeweiligen Umfeldbedingungen – dazu, andere zu *dominieren* oder sich *unterwürfig* unterzuordnen. Ein authentischer Manager ist in der Lage, seine *Ängste zuzulassen* und auch einmal *Schwäche oder Verwirrung* zu *zeigen.*

> *Aus eigener Führungserfahrung kann ich die Richtigkeit dieser Vorgehensweise bestätigen. In einer betrieblich schwierigen Situation, wo es um Lösungsideen für eine wirtschaftliche Verbesserung meiner Abteilung ging, gestand ich trotz meiner Angst, „Schwäche" zu zeigen, meine Ratlosigkeit dem Team meiner Mitarbeiter ein. Das Team reagierte spontan sehr positiv und half mir mit hohem Engagement bei der Suche nach praxistauglichen Lösungen.*

Von ähnlicher Bedeutung wie der Umgang mit Gefühlen ist der *Umgang mit Konflikten* für die Unternehmens- und Führungskultur.

Häufig werden Konflikte im Unternehmen *destruktiv* ausgetragen:

- Eine Auseinandersetzung über das Konfliktthema wird lange Zeit vermieden (*Das bringt ja doch nichts*).
- Die andere Person bzw. ihre Bedürfnisse werden als das Problem angesehen; deshalb sprechen die Beteiligten in Du-Botschaften.
- Die Kommunikation ist indirekt und ungenau, und die Lösung des Problems wird leicht aus den Augen verloren.
- Es bestehen nur geringe Bereitschaft und Fähigkeit, einander zuzuhören. Kontrahenten werden unterbrochen oder mundtot gemacht.
- Die Auseinandersetzung beginnt häufig mit dem Vorschlag von Lösungen (*Könnten Sie Ihren Urlaub nicht um drei Wochen verlegen?*).
- Die Verantwortung für die eigenen negativen Gefühle, zum Beispiel Ärger, wird dem anderen angelastet.
- Es wird oft mehr mit Dritten über das Problem geredet als mit dem Konfliktpartner.
- Zielrichtung ist, Recht behalten und siegen wollen.

Nachfolgend habe ich wichtige *Regeln bzw. Prinzipien* zum

Verhalten in Konfliktgesprächen

aufgeführt, die ich in Führungsseminaren einsetze:

Erlaubt	**Verboten**
• **Äußerungen auf der Sachebene** • **Ich-Botschaften (Äußerungen auf der Gefühlsebene)**	• **Du-Botschaften** (z.B. Vorwürfe) • **Angriffe auf der Beziehungsebene (abwerten, beschimpfen, beleidigen)** • **Körperliche Gewalt**

Ein *destruktiver Umgang mit Konflikten* vergiftet das Betriebsklima und wirkt sich schädlich auf die Motivation und Leistungsbereitschaft der Mitarbeiter aus. Es ist daher eine wesentliche Aufgabe einer kompetenten Führungskraft, zu einer *konstruktiven Lösung von Konflikten* beizutragen. Dabei hat sich die folgende *Vorgehensweise* bewährt:

- Die Konfliktpartner erkennen das Problem und suchen frühzeitig nach einer einvernehmlichen Lösung.
- Alle Beteiligten bemühen sich, Bedürfnisse, Gefühle und die eigene Sichtweise vorwurfsfrei mitzuteilen, sprechen also in Ich-Aussagen.
- Die Kommunikation ist offen und direkt und auf die Lösung des Konflikts orientiert.
- Jede Person hat ausreichend Gelegenheit, ihre Sichtweise des Problems zu schildern, und ihr wird einfühlend zugehört.
- Die Auseinandersetzung beginnt mit dem Herausarbeiten der Bedürfnisse aller Beteiligten (z.B.: Welche Urlaubswünsche bestehen und warum?).
- Gefühle werden direkt ausgedrückt, ohne jedoch dem anderen die Schuld an dem Gefühl zu geben.
- Die Konfliktpartner verhandeln ausschließlich miteinander über das Problem und mögliche Lösungen.
- Zielrichtung ist eine einvernehmliche Lösung (= Konsens).

In der Führungspraxis wird es sich nicht völlig vermeiden lassen, auch einmal ein *kritisches Gespräch mit einer Mitarbeiterin oder einem Mitarbeiter* führen zu müssen. Dabei sollten die folgenden Prinzipien beachtet werden:

Mitarbeiter kritisieren (tadeln)

1. Kritik sollte *nur bei fehlerhaftem Verhalten* ausgesprochen werden. Sie sollte sich daher nur auf fehlerhaftes *Verhalten* beziehen.

2. *Kritik ist Information*
   - Kritik deutlich und klar aussprechen.
   - Die Kritik soll dem Anlass und der Person angemessen sein.
   - Kritik nie vor dritten Personen aussprechen.
   - Die Leistung kritisieren, nicht den Menschen.

3. Den Mitarbeiter/die Mitarbeiterin um seine *persönliche Sicht und Meinung* zu der Sache bitten.

4. Mit dem Mitarbeiter/der Mitarbeiterin *gemeinsam Lösungsideen entwickeln*, wie eine Wiederholung des Fehlers vermieden werden kann.

Für das praktische *Führen von Kritikgesprächen* mit Mitarbeitern, z.B. bei Leistungsverschlechterungen oder Verhaltensauffälligkeiten, habe ich für das *Training von Führungskräften* den folgenden *Leitfaden* entwickelt:

Leitfaden Kritik-/Konflikt-Gespräch

A. Einleitungsphase
- Termin vereinbaren
- freundliche Atmosphäre (ruhiger Raum)
- Begrüßung: Anrede mit Namen
- Positiver Einstieg (positive Leistungen bzw. Verhaltensweisen würdigen)

B. Hauptteil
- Zeitrahmen klären
- Problem schildern bzw. schildern lassen (aktiv zuhören)
- „Wie sehen/erleben Sie das?"
- „Was denken Sie darüber?"
- Folgen aufzeigen:
  - Wirkung auf mich als Führende(n) (inkl. meiner Bedürfnisse/ Gefühle)
  - Wirkung auf das Team
  - Wirkung auf das gesamte Unternehmen
  - Konsequenzen, falls das Problem nicht gelöst wird
- Lösungsideen erfragen (z.B. Brainstorming)
- Lösungen gemeinsam bewerten
- Gemeinsam eine Lösung vereinbaren
- O.K. der Mitarbeiterin/Mitarbeiters einholen
- Zuversicht ausstrahlen („Sie schaffen es!")
- Ggf. Nachbesprechungstermin vereinbaren

C. Abschluss
- Dank für die Gesprächsbereitschaft
- Eventuell Lob (nur authentisch!)
- Verabschiedung

In den letzten Jahren ist in Anbetracht einer schwierigeren Auftragslage und eines zunehmenden wirtschaftlichen Drucks auf die Unternehmen, (Personal-)Kosten einzusparen, auch das Thema *Rückkehrgespräche* nach krankheitsbedingten Fehlzeiten aktueller geworden.

Fehlzeiten senken - aber wie?
Von je 100 Unternehmen haben Maßnahmen ergriffen:

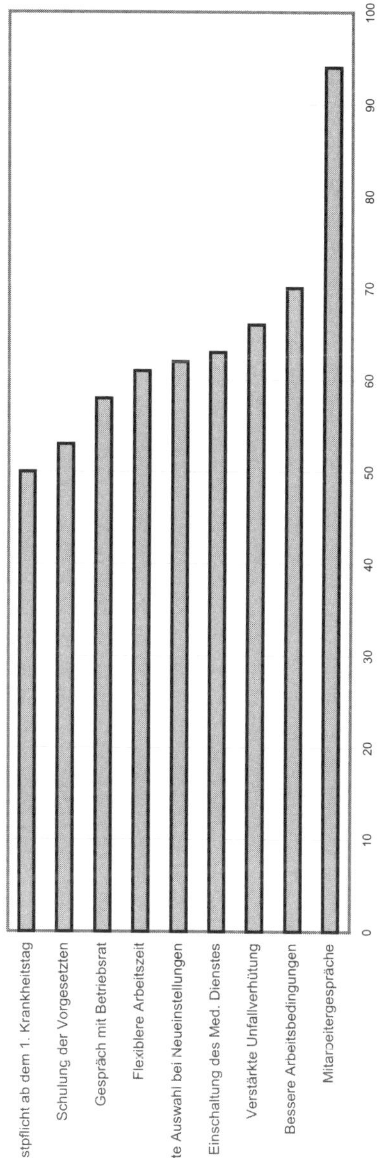

Insbesondere in den Reihen der *Arbeitnehmervertretung* werden Rückkehrgespräche allerdings als eine Form des Drucks auf Kranke abgelehnt. Beispielhaft sei aus einem *Informationsblatt für Betriebs- und Personalräte zum Thema „Rückkehrgespräche im Betrieb“* zitiert:[14]

> *Was möchte die Geschäftsleitung wissen?*
> - Die Krankheit, um die künftige Entwicklung krankheitsbedingter Fehlzeiten prognostizieren zu können.
> - Ob der Mitarbeiter ein so genannter „Blaumacher“ ist.
> - Ob die Krankheit durch familiäres und/oder persönliches Verhalten hervorgerufen wurde.
> - Ob die Ursachen mit dem Arbeitsplatz zusammenhängen.
>
> *Die Geschäftsleitung verfolgt damit folgende Ziele:*
> - Die Senkung des Krankenstandes, indem den jeweils Betroffenen ein schlechtes Gewissen eingeredet wird.
> - Abschreckung durch Druck auf alle Beschäftigten, um so von der AU abzuhalten.
> - Die schnellere Trennung von Langzeitattestanten.
> - Selbstkontrolle und Kontrolle untereinander.
> - Personalabbau erleichtern und gleichzeitig von ihm ablenken.
> - Eine olympiareife Belegschaft durch Aussondern und Kündigung älterer, krankheitsanfälliger und leistungsgeminderter KollegInnen.
>
> **ACHTUNG!!!**
> Kolleginnen und Kollegen, Ihr seid nicht verpflichtet dem Arbeitgeber Auskunft über Eure Krankheit, Eure familiäre Situation sowie Euer persönliches Verhalten zu geben.
>
> Redet Euch nicht um Kopf und Kragen, sondern kommt zum Betriebsrat. Wehrt Euch mit uns gemeinsam, denn durch Rückkehrgespräche wird kein Kranker gesund!

---

14 Vgl. WOMPEL, M.: Jagd auf Kranke – Rückkehrgespräche auf dem Vormarsch. Offenbach 1998.

Die „grundsätzlichen Gebote“ für den Umgang mit der eigenen Gesundheit und das Verhalten in Rückkehrgesprächen lauten:

- Gesundheit ist körperliches, soziales, seelisches und geistiges Wohlbefinden: „Wenn ich krank bin, bin ich krank!“
- Auf Gesunderhaltung achten – für Arbeit, Freizeit, Familie und Alter, denn wir leben nicht, nur um zu arbeiten!
- „Ich will keinen anstecken“
- Die Würde des Menschen ist unantastbar: Betrugsunterstellung ist Beleidigung!
- „Ich kann betroffen sein!“
- Wenn wir uns „Blaumachen“ unterstellen, kann es der Arbeitgeber auch!
- Nicht gegeneinander ausspielen und sich nicht einschüchtern lassen!

Bereits als Außenstehender kann man sich vorstellen, wie es um das *Betriebsklima* und die *Motivation der Mitarbeiter* in einem Unternehmen bestellt ist, wenn die Arbeitnehmervertretung zu solchen Informationskampagnen greift bzw. vielleicht auch in Anbetracht eines ungeschickten Managements greifen muss. Statt einer *De-Eskalation* kommt es wohl zwangsläufig zu einer *Eskalation* des Konfliktes. Diese Eskalation hat ihre eigenen Gesetzmäßigkeiten. Sie wird genährt durch einen unreflektierten Umgang der Konfliktparteien mit ihren Gefühlen. Um eine Konflikteskalation zu vermeiden, ist es deshalb wichtig, sich in einem Konflikt die eigenen Gefühle und die dahinter stehenden Auslöser bewusst zu machen und der anderen Konfliktpartei die Möglichkeit zu geben, ihren Gefühlen Luft zu verschaffen. Auf keinen Fall sollte auf emotionale Ausbrüche der anderen Seite emotional reagiert werden. Wenn beide Konfliktparteien zur gleichen Zeit emotional aufgebracht reagieren, kann die Situation sehr rasch eskalieren und unkontrollierbar werden.

Symbolische Gesten können in einem Konflikt hilfreich sein. So sind z.B. Entschuldigungen ein sehr gutes Mittel, um Emotionen zu dämpfen, sie können die Atmosphäre oft schlagartig verändern. Entschuldigen Sie sich aber nur dann (und dann kurz), wenn Sie feststellen, dass Ihre Handlung unangemessen war.

Stadien der Konflikteskalation bzw. Konfliktlösung

Wahrnehmen des Verhaltens/der Aussage des Konfliktgegners

↓

Nachdenken über das Verhalten/die Aussage

↓

Negative Verarbeitung (führt zur Eskalation)	**Positive Verarbeitung**
↓	↓
Anlass für negatives Gefühl (z.B. Wut) suchen/sehen/finden	Eigene Emotionen kontrollieren (z.B. nicht negativ phantasieren)
↓	↓
Negatives Gefühl empfinden	Motive ergründen, Verständnis suchen
↓	↓
Handlungstendenz: (Gegen-)Angriff	Handlungstendenz: Fakten erheben, nachfragen, Interessen klären

Welche Ziele werde ich mit dem Konfliktpartner am Ende des Gesprächs vereinbaren, um eine Konflikteskalation zu vermeiden?

Gerade in *konfliktbesetzten, komplexen Situationen* ist eine genaue, sachliche Beschreibung der Situation für die Zielbeschreibung und die Wahl des weiteren Vorgehens ein wichtiger Schritt zur *Klärung*. Für solche zunächst unüberschaubare Situationen setze ich in meiner Beratungspraxis gerne das nachfolgende *Bilanzblatt* ein:

Bilanzblatt

zur Klärung komplexer Situationen

Situation: ....
....

Ziel: ....
....
....

Mögliches Vorgehen:
....
....
....
....
....
....

Vorteile für mich	Nachteile für mich
Vorteile für	Nachteile für ....

„Saldo" (Gesamtbewertung der Situation)

Eine *moderne Personal-Ent-Wicklung* tut das Mögliche, um eine solche *zugespitzte Konfrontation* bzw. eine Eskalation von Konflikten zu vermeiden. Sie nimmt Mitarbeiter als *Partner* ernst und behandelt sie dementsprechend. Dazu gehört insbesondere auch zunächst einmal, *Mitarbeiter* umfassend zu *informieren*.

Ziel der Information ist dabei:
Den Führungskräften und den Mitarbeitern das Wissen zu vermitteln, das notwendig ist, um die vereinbarten Ziele zu erreichen.

Informationsarten:
- Information über das eigene Arbeitsgebiet
- Information über das Arbeitsergebnis
- Information über andere Abteilungen und die Zusammenarbeit mit ihnen
- Information über das Unternehmen
- Information über die Stellung des Unternehmens in der Umwelt

Auch der *Umgang mit Lob und Tadel* im Unternehmen sollte sehr bewusst gewählt werden:

- Vor allem auf die wohldosierte *Anerkennung* von Leistungen sollte keine Führungskraft verzichten. Das Lob sollte nicht allein Spitzenleistungen gelten. Mitarbeitern mit Problemen sollte der Chef schon bei relativ wenig Leistungszuwachs Lob spenden.
- Die *negative Kritik* des Vorgesetzten darf die Initiative des Mitarbeiters nicht beeinträchtigen. Vielmehr soll Fehlverhalten korrigiert werden.
- Der formelle Führer einer Gruppe darf einen *Mitarbeiter nicht in dessen Abwesenheit oder gar vor anderen Gruppenmitgliedern tadeln.* Kritik hat unter vier Augen aufbauend und nicht unter Versageraspekten zu erfolgen.
- Der Vorgesetzte darf im Rahmen der negativen Kritik *nicht persönlich werden*, sondern muss sachlich bleiben. Es ist darauf zu achten, dass relativ kleine Fehler nicht übertrieben hart kritisiert werden.
- *Zu strenge Kritik* ist zu *vermeiden.* Außerdem darf die negative Kritik am einzelnen Gruppenmitglied nicht auf die ganze Gruppe übertragen werden.
- Oft ist es angebracht, die *negative Kritik in Frageform* zu kleiden, um dem Tadel die Schärfe zu nehmen. Der Kritisierte sollte seinen Fehler selbst einsehen.
- Die Kritik sollte möglichst *nicht zu Arbeitsbeginn am Montag* und auch nicht kurz vor Feierabend erfolgen.

– Die Kritik soll zu neuer Leistung anspornen, das *Selbstwertgefühl heben* und das Gruppenmitglied zu neuen Taten ermutigen.

3. 3 Die Mitarbeiter – Quelle der Wertschöpfung und wichtigstes „Gut“ eines Unternehmens!

> Die *Gallup GmbH*, Wiesbaden, untersuchte in 2001 das Engagement der bundesdeutschen Arbeitnehmer am Arbeitsplatz. Dabei zeigte sich, dass *84 Prozent der Arbeitnehmer* am Arbeitsplatz *nicht engagiert* sind. Dadurch entstehen der Gesamtwirtschaft *jährliche Kosten zwischen 436,4 und 442,9 Mrd. DM*. Diese Summe entspricht dem gesamten Bundeshaushalt 2001.
> Unternehmen und öffentliche Behörden könnten demnach erhebliche Einsparungen erzielen, wenn Mitarbeiter besser geführt und motiviert – besser: weniger demotiviert – würden.

Eine rein funktionale, sachliche Betrachtung von Aufgaben und Kompetenzen der Mitarbeiter reicht nicht aus, um ihr volles Engagement zu erhalten. *Mitarbeiter sind Menschen*, d.h. sie haben Gefühle, Hoffnungen, Träume, Ziele, Stärken und Schwächen, und der berufliche Bereich ist nur ein Teil ihres Lebens.

Eine *zentrale Frage für die Unternehmensführung* ist daher:

➡ Wie können wir in Anerkennung und Würdigung der Komplexität – aber auch Ganzheitlichkeit – der arbeitenden Menschen berufliche Entwicklungsbedingungen schaffen, die in optimaler Weise die Voraussetzungen dafür bieten, dass die Mitarbeiter ihre ganze Leistungsbereitschaft und Motivation in das Unternehmen einbringen?

Es gibt zahllose Vorschläge und Programme dazu, mit Hilfe welcher Maßnahmen die *Motivation* der Mitarbeiterinnen und Mitarbeiter gesteigert werden können. „Motivationsseminare“[15] zählen zu den beliebtesten Themen von Führungskräftetrainings.

Motivation ist ein zentraler Begriff der Psychologie, und wenn man sich mit der einschlägigen Literatur beschäftigt, begegnet dem Suchenden mancherlei Seltsames ...

---

15 Wobei die Skepsis gegenüber „Schnellschüssen“ ohne nachhaltigen, dauerhaften Erfolg à la Jürgen HÖLLER mittlerweile in der Wirtschaft gewachsen sein dürfte ...

Beispiele für subjektive Theorien erfolgreicher Mitarbeitermotivation[16]

1. *Calvin (1509-1564)*
   „Wenn das Volk arm ist, bleibt es Gott gehorsam.“

2. *Friedrich Wilhelm III. von PREUSSEN (1770-1840)*
   „Man erzeigt dem einzelnen Menschen und der menschlichen Gesellschaft keine Wohltat, wenn man über die Grenzen seines Standes und Berufes hinaus ihn belehrt und ihm Kenntnisse beibringt, die er nicht braucht und Ansprüche und Bedürfnisse anregt und weckt, welche zu befriedigen seine Lage nicht gestattet.“

3. *Preussischer Minister Rudolf von Camphausen (1803-1890)*
   „Die Löhne müssen reduziert werden, damit die Leistungen besser werden.“

4. *Alfred Krupp*
   Erlass von 1872 an die Arbeiter der Gussstahlfabriken:
   „Ich erwarte und verlange volles Vertrauen, lehne jedes Eingehen auf unberechtigte Forderungen ab, werde, wie bisher, jedem gerechten Verlangen zuvorkommen; fordere daher alle diejenigen auf, welche sich damit nicht begnügen wollen, je eher desto lieber zu kündigen, um meiner Kündigung zuvorzukommen, und so in gesetzlicher Weise das Etablissement zu verlassen und anderen Platz zu machen, mit der Versicherung, dass ich in meinem Hause, wie auf meinem Boden, Herr sein und bleiben werde.“

Die Arbeitsergebnisse und die eigene Zufriedenheit der Mitarbeiterinnen und Mitarbeiter hängen in hohem Maße von deren „Einsatzbereitschaft“ bzw. Leistungsmotivation ab. In diesem Zusammenhang spielen die sogenannten *Motive* der einzelnen Personen eine wesentliche Rolle.

Motive sind **Beweggründe menschlichen Verhaltens** (Bedürfnisse, Wünsche, Triebe).

16 Vgl. WOTTAWA, H. und GLUMINSKI, I.: Psychologische Theorien für Unternehmen. Schriftenreihe Wirtschaftspsychologie, Göttingen 1995.

Exkurs: Leistungsbereitschaft und Motivation

Der bekannteste Vorschlag zu einer Einteilung der menschlichen Motive stammt von dem amerikanischen Psychologen MASLOW. Er erstellte eine „Bedürfnishierarchie“ *(Bedürfnispyramide)*, die neben physiologischen Grundbedürfnissen des Menschen (wie Essen, Trinken, Schlaf, Sexualität) auch durch Erziehung und gesellschaftliche Normen erlernte Motive erfasst. Die folgende *Abbildung*[17] zeigt die „Bedürfnispyramide“ nach MASLOW, ergänzt um Beispiele für Anreize zur Motivbefriedigung im Arbeitsleben:

Bedürfnispyramide

5. Ebene der Selbstverwirklichung	• frei wählbare Arbeitszeit • abwechslungsreiche Arbeitsaufgaben • Mitwirkung bei der Gestaltung d. Arbeit • betriebliche Weiterbildung
4. Ebene der Anerkennung und Leistung	• Lob und Tadel • Aufstiegschancen • Entgelt • Ansehen der ausgeübten Tätigkeit
3. Ebene der sozialen Beziehungen	• angenehme Kollegen • tolerante Vorgesetzte • Teilnahme an Besprechungen • Kommunikation am Arbeitsplatz
2. Ebene der Sicherheitsbedürfnisse	• Sicherheit des Arbeitsplatzes • Alterssicherung • Sozialleistungen
1. Ebene der physiologischen Grundbedürfnisse	• Entgelthöhe • Arbeitsplatzgestaltung • Urlaub und Erholung

17 Leicht abgewandelt nach: GROS, E. (Hrsg.): Anwendungsbezogene Arbeits-, Betriebs- und Organisationspsychologie. Göttingen 1994.

Wissenschaftlich ist die von MASLOW behauptete zwingende Rangfolge der Bedürfnishierarchie umstritten: MASLOW ging davon aus, dass die Befriedigung des Bedürfnisses einer niedrigen Stufe Voraussetzung für die Bedürfnisbefriedigung der nächst höheren Stufe ist. So erscheint es plausibel, dass jemand, der unter ständigem Hunger leidet, wenig Interesse an seiner künstlerischen Selbstverwirklichung zeigen wird. In meiner Beratungspraxis konnte ich allerdings immer wieder feststellen, dass Mitarbeiter trotz großer Unzufriedenheit, z.B. mit der Höhe ihres Entgeltes oder mit der Gestaltung ihres Arbeitsplatzes, hoch engagiert und motiviert – auch in Richtung einer Selbstentfaltung in ihrer Tätigkeit – arbeiteten.

So gaben in einer von mir durchgeführten Mitarbeiterbefragung lediglich 35 % der Mitarbeiter an, dass das Unternehmen sie im Vergleich mit anderen Unternehmen gut bezahle; 82 % der Mitarbeiter dieses Unternehmens berichteten jedoch, sie könnten die ihnen übertragenen Arbeiten ausreichend nach ihren eigenen Vorstellungen durchführen.

Für die Praxis der Personalentwicklung und Mitarbeiterführung zeigt das Maslowsche Konzept in jedem Falle wichtige Themenbereiche auf, die mit Mitarbeitermotivation in engem Zusammenhang stehen.

Nachfolgend eine Gegenüberstellung zu *motivationshemmendem* und *motivationsförderndem Verhalten in der Mitarbeiterführung*:

(Dis-) Stress erzeugend:	**Kreativität und Motivation fördernd:**
➢ Sei misstrauisch.	➢ Zeige Zuversicht.
➢ Schaffe Abhängigkeit.	➢ Schaffe Selbstständigkeit.
➢ Übe Kritik.	➢ Gib Unterstützung.
➢ Sei ironisch.	➢ Gib Anerkennung.
➢ Suche nach Fehlern.	➢ Stelle Optionen nebeneinander.
➢ Führe Kontrollen durch.	➢ Schaffe Freiräume.
➢ Pflege Heimlichkeiten.	➢ Sorge für Offenheit.
➢ Halte Informationen zurück.	➢ Tausche alle Informationen aus.
➢ Übe Zeitdruck aus.	➢ Schaffe Möglichkeiten der Entspannung.

Wie motiviere ich z.B. als Führungskraft meine Mitarbeiter durch *richtiges Fragen im Mitarbeitergespräch?*

Fragen, mit denen ich die Fähigkeiten meiner Mitarbeiter wecke und nutze:

- *„Was ist Ihnen denn schon an Lösungsmöglichkeiten eingefallen?“*
- *„Haben Sie schon einmal ein ähnliches Problem gelöst? Wie haben Sie es denn damals gemacht?“*
- *„Was wäre denn das Resultat, das Sie sich wünschen?“*
- *„Was sind die Voraussetzungen, um das zu erzielen?“*
- *„Welcher Rat von mir würde Ihnen denn am meisten weiterhelfen?“*
- *„Welchen Rat würden Sie sich selbst geben?“*

3.4 Personalauswahl als Instrument der Personal-Ent-Wicklung

In 2001 wechselten mehr als 6 Millionen Erwerbstätige die Arbeitsstätte. bzw. den Beruf. Die Auswahl der Mitarbeiter ist unabhängig von der Arbeitsmarktlage eine wichtige strategische Größe der Unternehmensführung. Es versteht sich dabei auch von selbst, dass eine optimale Ent-Wicklung von Mitarbeitern voraussetzt, dass idealerweise „der richtige Mann/die richtige Frau am richtigen Platz“ eingesetzt wird. Bestimmte *Mindestvoraussetzungen an Qualifikation* sind dabei für die jeweiligen Tätigkeitsbereiche unerlässlich. Das A und O einer optimalen Personal-Ent-Wicklung ist daher zunächst einmal die *treffsichere Personalauswahl.* Dies wiederum setzt voraus, dass für jede zu besetzende Position im Unternehmen eine *Funktionsbeschreibung* und ein *Anforderungsprofil* vorliegen muss. In der Funktionsbeschreibung sind die *organisatorischen Einbindungen* und die *Kernaufgaben* einer Stelle zu beschreiben, im Anforderungsprofil die zur Ausübung der Funktion erforderliche *fachliche Qualifikation* und die *persönlichen Anforderungen*, wie z.B. Kundenorientierung, Teamfähigkeit oder Kreativität.

Die anschließende *interne oder externe Stellenausschreibung* basiert auf diesen Festlegungen und Definitionen. Die Festlegung bestimmter *Auswahlkriterien* erlaubt es dann, bereits in einer *Vorauswahl* eine Art Screening der geeigneten Bewerber vorzunehmen, die zum Vorstellungsgespräch eingeladen werden. Kriterien für die Vorauswahl sind z.B.:

- fachliche Qualifikation
- Berufserfahrung
- Führungserfahrung usw.

Hinsichtlich der Auswahlkriterien für die Besetzung einer Stelle, wie Bewertung der Bewerbungsunterlagen (äußere Aufmachung der Berwerbungsunterlagen, Informationsgehalt und Vollständigkeit des Lebenslaufes etc.) sei auf die einschlägige Fachliteratur verwiesen.[18] So wird z.B. im Hinblick auf eine effiziente Abwicklung einer Stellenbesetzung empfohlen, bereits die Vorauswahl der Bewerber zu systematisieren. Als Grundlage hierfür dienen die eingereichten Unterlagen der Bewerber:

Beurteilungsgrundlage	**Beurteilungskriterien**
• Lebenslauf	• Zeitfolgenanalyse • Positionsanalyse
• Bewerbungsschreiben	• Aussehen • Inhalt • Stil
• Lichtbild	• Alter der Aufnahme • Art der Personendarstellung
• Zeugnisse / Ausbildung	• Der Position angemessene Zeugnisse? • Schwerpunkte / Schwachstellen • Alter der Zeugnisse
• Arbeitszeugnisse	• Beschreibung der Positionen • Qualifizierung
• evtl. Eindruck der Handschrift	• ggf. graphologische Beurteilung einholen
• Referenzen	• Privatpersonen • Arbeitsvorgesetzte • Anzahl

In der Praxis hat sich die **Sortierung der Bewerbungen** in drei Gruppen bewährt:

- *sehr interessant* ⇨ Vorstellungsgespräch vereinbaren
- *interessant* ⇨ zweite Wahl; ggf. Unterlagen ergänzen
- *nicht geeignet* ⇨ Absage.

18 Vgl. z.B. KNEBEL, H.: Taschenbuch für Bewerberauslese, 7. Auflage. Heidelberg 1996.

Auf die Möglichkeiten der *Inanspruchnahme externer Beratungskompetenz*, z.B. in Form testpsychologischer Befunde durch einen Fachpsychologen, sei an dieser Stelle nicht weiter eingegangen.

Um die Qualifikation eines Bewerbers – insbesondere seine *Schlüsselqualifikationen* bzw. *Schlüsselkompetenzen* – einzuschätzen, stehen in der Praxis *Gespräche mit den Bewerbern* und die *Simulation beruflicher Situationen* im Vordergrund. Dabei hat sich gezeigt, dass Prognosen, die aufgrund konventionell geführter Einstellungsgespräche gemacht werden, nur zu 5 bis 10 Prozent zutreffen. Der Grund dafür ist, dass emotionale Komponenten ein Gespräch mehr bestimmen als rationale Überlegungen.[19] Alternativ hierzu wurde von organisationspsychologischer Seite ein *multimodales Einstellungsinterview* entwickelt, bei dem sich frei geführte Gesprächsanteile mit standardisierten ablösen. Auswahlverfahren, die sich in erster Linie auf Selbstauskünfte eines Bewerbers stützen, sind subjektiv. Im Idealfall stimmen das Selbstbild des Bewerbers und sein tatsächliches Verhalten überein.

In Bewerbungssituationen wollen sich aber viele Firmen mit den Selbstbildern der Bewerber alleine nicht zufrieden geben, sondern möchten berufsbezogenes Verhalten direkt beobachten.

3.4.1. Das Assessment Center als Instrument der Personal-Ent-Wicklung

Beispielhaft für das Thema Personalauswahl als Instrument der Personal-Ent-Wicklung möchte ich die *Assessment-Center-Methode* etwas ausführlicher behandeln. Dabei werden Bewerber mit Situationen konfrontiert, in denen sie unmittelbar handeln müssen. Sie werden hierbei von mehreren geschulten Beobachtern beurteilt.[20]

Erfunden wurde die Methode des Assessment Center (AC) durch deutsche Wehrmachtspsychologen, die nach dem ersten Weltkrieg bei der Auswahl von Offizieren unter anderem führerlose Gruppendiskussionen einführten, die von einer Kommission abgehalten wurden. Ziel war es, allen Bewerbern gleiche Chancen bei einem Auswahlverfahren einzuräumen. Den Nationalsozialisten passte diese Ideologie nicht, weshalb das Verfahren mit der Zeit eingestellt wurde. Das eigentliche Assessment Center wurde

19 Vgl. WERNER, E.: Schlüsselqualifikationen. Persönliche Voraussetzungen für beruflichen Erfolg. Arbeitshefte Führungspsychologie, Bd. 52. Heidelberg 2003.

20 Bei den nachfolgenden Ausführungen stütze ich mich weitgehend auf die kompakte und sehr lesbare Darstellung von WERNER, E., Fn. 19.

von Amerikanern entwickelt. Es ging darum, in einer Einrichtung (Center) eine Verhaltenseinschätzung (Assessment) durchzuführen. Heute ist das AC ein Standardverfahren bei der Bewerberauswahl und Personalentwicklung.

Geht es einerseits darum, mit Hilfe eines AC differenzierte Beurteilungen von Bewerbern anhand seines konkreten Verhaltens in berufsbezogenen Situationen zu ermöglichen, so hat sich jedoch gezeigt, dass letztlich im Wesentlichen *vier Persönlichkeitsmerkmale* beurteilt werden:

- Dominanz,
- Leistungsmotivation,
- soziale Kompetenz,
- Selbstvertrauen.

Kernelement eines AC ist die *Anforderungs-Übungs-Matrix*, d.h. eine Zusammenstellung von Übungen, mit denen man bestimmte Fähigkeiten beobachten will:

Das will man beobachten:	**Übungen dazu:**					
	Gruppen-Diskussion	**Postkorb**	**Fallstudie**	**Datenanalyse**	**Präsentation**	**Rollenspiel**
Organisationsfähigkeit		X	X	X	X	
Analytische Fähigkeiten		X		X		
Kontaktfähigkeit	X				X	X
Durchsetzungs-Vermögen	X					X
Kommunikationsfähigkeit	X				X	X
Kreative Fähigkeiten	X		X			

Ursprünglich wurde das AC als **Einstellungs- bzw. Auswahl-AC** konzipiert. Es wurde dann zunehmend auch als **Förder-AC** zur **Auswahl von Führungskräften** eingesetzt.

Entsprechenden Untersuchung zufolge gilt das AC als *valides Verfahren*, d.h. die Ergebnisse der durch das AC gewonnenen Aussagen stimmen zu einem relativ hohen Grad mit der Wirklichkeit – also dem tatsächlichen Verhalten der ausgewählten Person in der beruflichen Praxis – überein.

Als weitere *Vorteile des AC* werden genannt:

- Das AC *fördert Lerneffekte* bei den Teilnehmern.
- Die Teilnahme als Beobachter *erhöht die soziale Kompetenz* von Führungskräften.

Es gibt allerdings auch *Kritik* an dem AC-Verfahren.

So weist z.B. SCHÖNING[21] darauf hin, dass der AC-Ansatz zwar die tayloristisch-technokratische Sichtweise mit einer sozial-motivationspsychologischen Sichtweise verknüpft und damit der betrieblichen Realität nahe kommt; er hält es jedoch für unabdingbar, auch die interaktionale Seite des Organisationsgeschehens, insbesondere auch die *Eigeninteressen und Machtbeziehungen der Organisationsmitglieder*, einzubeziehen. Letztlich plädiert SCHÖNING für eine *Stärkung der Selbstverantwortung der beteiligten Personen* mit der Folge, dass Personalentscheidungen nicht auf Experten abgewälzt werden könnten.

Aus eigener Erfahrung als Teilnehmer an bzw. Beobachter von ACs möchte ich auf *zwei weitere Nachteile* dieses Verfahrens hinweisen:

Zum einen führen die „Veröffentlichung“ des Verhaltens von AC-Teilnehmern und die nachfolgende Bewertung, insbesondere bei Förder-ACs, zu einem *erheblichen Dis-Stress* bei den Teilnehmern. Vor allem eine unsensible Ergebnismitteilung kann bei Bewerbern, die nicht erfolgreich waren, zu einer starken psycho-physischen Belastung und zu einer *De-Motivierung* mit innerer bzw. auch tatsächlicher Kündigung führen.

Zum anderen ist die Methode mittlerweile hinlänglich bekannt. Es gibt zahlreiche *Ratgeber*, wie man sich in einem AC geschickterweise verhält, um einen guten Eindruck zu machen. Dies *vermindert* zumindest die *Aussagefähigkeit* von Standard-ACs.

Ausgehend von der in diesem Buch vertretenen „Philosophie“ einer konsequenten Ent-Wicklungs-Orientierung, die in erster Linie an einer ganzheitlich orientierten *Förderung des Potenzials* der Mitarbeiter ansetzt, hat die Methode des Förder-AC einen begrenzten Stellenwert, da sie auf einer quasi öffentlichen Bewertung der Teilnehmer fokussiert, deren Folgen im betrieblichen Alltag unerwünschte Nebenwirkungen – etwa im Sinne einer De-Motivierung – entfalten können.

---

21 SCHÖNING, H.: Abschied von Taylor – Abschied vom Assessment Center. In: Arbeitskreis Assessment Center e.V.: Assessment Center als Instrument der Personalentwicklung. Hamburg 1996.

3.4.2 Personalauswahl als Prozess der selektiven (sozialen) Wahrnehmung

Die Auswahl geeigneter Mitarbeiter ist u.a. nur so gut, wie alle relevanten Auswahlkriterien einfließen. Personalauswahl ist demnach auch ein Prozess der selektiven Wahrnehmung der mit der Auswahl beauftragten Entscheider. Damit ist die Einstellung des Managements, welche Beurteilungskriterien überhaupt angewendet werden, von wesentlicher Bedeutung. Der Stellenwert dieser Behauptung soll an einem *Praxisbeispiel* erläutert werden:

Eine wissenschaftliche Untersuchung in Großbritannien kam zu dem Ergebnis, dass militärische Sicherheitseinrichtungen der britischen Armee zum Teil von Vorbestraften bewacht wurden! Meine Selbstberuhigung folgte auf dem Fuße: Im preußisch geprägten Deutschland ist so etwas bestimmt nicht möglich ...

Eine Meldung der „Welt" stimmte nachdenklich:

> „Wachmänner stahlen auf Bestellung.
>
> Ausgerechnet Wachmänner, die Einbrüche in ein Kieler Einkaufszentrum verhindern sollten, haben gestanden, dort selbst gestohlen zu haben. Die Männer ... sollen Ware im Wert von 20.000 bis 30.000 Mark mitgenommen haben. Außerdem gibt es Hinweise, dass auf Bestellung gestohlen wurde."

Dem Skeptiker stellt sich die Frage: Wie qualitäts- und sicherheitsbewusst wird eigentlich bei der Auswahl von Personen vorgegangen, die in sicherheitssensiblen, verantwortungsvollen Bereichen tätig sind?

Die *Nichtbeachtung relevanter Auswahlkriterien* für Bewerber kann eine wesentliche Ursache für *Ineffizienz im Unternehmen* darstellen.

Untersuchungen in Unternehmen sowie meine langjährigen Erfahrungen in der Unternehmensberatung zeigen z.B.: Bei 20 % der Mitarbeiterinnen/ Mitarbeiter muss von einer dauerhaften Leistungsminderung von mindestens 25 % ausgegangen werden.

Bezogen auf 100 Mitarbeiter entspricht dies der Arbeitsleistung von 5 Mitarbeitern (= 20 x 0,25); d.h. – rechnerisch – *5 von 100 Mitarbeitern werden Jahr für Jahr bezahlt, ohne dass sie eine entsprechende Gegenleistung erbringen*!

Die *Hauptursachen* dafür, dass Mitarbeiter nicht ihr volles Potenzial entfalten können, sind:

- *Führungsfehler*/demotivierendes Verhalten von Vorgesetzten
- *Suchtprobleme* (Alkohol, Medikamente, Drogen) im Unternehmen
- inkonsequenter *Umgang mit Zeit- und Materialdiebstahl*/Veruntreuung durch Mitarbeiter.

Bei angenommenen durchschnittlichen Personalkosten von 40.000 EURO p.a. ergibt sich somit ein Produktivitätssteigerungspotenzial von 200.000 EURO p.a. pro 100 Mitarbeiter. Hinzu kommen mögliche Kostenersparnisse (geringere Fehlzeiten) sowie eine Verbesserung der Qualität und des Betriebsklimas:

Mögliche Kosten von Drogen- bzw. Alkoholmissbrauch am Arbeitsplatz

Offensichtliche indirekte Kosten	Fehlzeiten, Produktivitätsverlust, hohe Fluktuation, Materialvergeudung, erhöhte Unfallrate
Verborgene indirekte Kosten	Imageverlust des Unternehmens, Absinken der Moral, Fehlentscheidungen, vergeudeter oder unproduktiver Zeitaufwand der Führungskräfte, Aufwand für Disziplinarstrafen, Schädigung von Ausstattung und Produkten, mögliche Gesetzesverstöße
Andere messbare Kosten	Vermehrte Reklamationen, Diestahl/ Veruntreuung

Wenn man über Motivation und Engagement von Mitarbeitern spricht, darf also die „Schattenseite“ dieser Thematik nicht vernachlässigt werden. Neuerdings hat sich für diese Problematik in der Angewandten Psychologie der Begriff des *kontraproduktiven Verhaltens* etabliert.[22]

So taxierte die Hermes Kreditversicherung den Gesamtschaden durch *Vermögensdelikte* der Mitarbeiter von Unternehmen in Deutschland, z.B. in Form von *Diebstahl*, für 1998 auf 5,8 Mrd. DM.

Weiterhin sind in diesem Zusammenhang nachteilige Effekte für das Unternehmen durch *Absentismus* und *Arbeitsverweigerung* sowie durch *Aggression und Gewalt* bzw. *Mobbing* zu erwähnen.

Alle diese Phänomene sind geradezu das Gegenteil dessen, was eine moderne Personal-Ent-Wicklung anstrebt.

---

22 Vgl. MARCUS, B.: Kontraproduktives Verhalten im Betrieb. Göttingen 2000.

Wenn wir die Auswahl von Mitarbeitern als einen grundlegenden Beitrag zur positiven Personal-Ent-Wicklung verstehen, muss auch die Möglichkeit kontraproduktiven Verhaltens von Mitarbeitern im Unternehmen einbezogen werden.

Demnach gilt es, bereits bei der Einstellung von Mitarbeitern *Auswahlkriterien für* solchermaßen *problematische Einstellungen und Verhaltenstendenzen* zu berücksichtigen, insbesondere wenn es sich um Positionen mit hoher Verantwortung bzw. Tätigkeitsbereiche mit Sicherheitsrelevanz handelt.

Nach katastrophalen Unfällen infolge Alkohol- oder Drogenmissbrauchs wurden beispielsweise Ende der achtziger Jahre in den USA konsequente *Richtlinien zur Überprüfung von Stellenbewerbern und Beschäftigten auf eventuellen Suchtmittelkonsum* eingeführt. Die große Mehrheit der amerikanischen Unternehmen macht mittlerweile hiervon bereits routinemäßig Gebrauch, insbesondere wenn es um Führungs- oder sicherheitsrelevante Tätigkeiten geht.

Wie misst man „menschliche Qualitäten“?

Bedauerlicherweise gibt es zumindest im deutschsprachigen Raum derzeit keine wissenschaftlich anerkannten psychologischen Testverfahren, die die moralische Integrität oder Tugenden wie Unbestechlichkeit, Gradlinigkeit und Loyalität eines Bewerbers messen (*integrity tests*). Es existieren aber sehr wohl praxisbewährte psychologische und medizinische Verfahren und Erfahrungswerte, die auf ökonomische Weise eine valide Beurteilung von Personen im Hinblick auf ihre nichtfachlichen *Qualitäten*, wie *Risikobereitschaft, Zuverlässigkeit, Sorgfalt, Selbstkontrolle* oder *Motivation* ermöglichen.

Zudem kann der erfahrene Psychologe anhand eines intensiven Explorationsgespräches und einer systematischen Analyse der persönlichen und beruflichen Entwicklung des Bewerbers unter Einbezug medizinischer Parameter wichtige Informationen gewinnen, die eine fundierte Prognose des zukünftigen Verhaltens zumindest in relevanten Bereichen, wie Drogen- oder Alkoholkonsum, ermöglichen. Gerade für den Bereich der *Managementdiagnostik* bietet sich hier z.B. die Durchführung von *Einzel-Assessments* mit den Entscheidungsträgern und Führungsverantwortlichen des Unternehmens an. Dabei geht es um die *ganzheitliche Erfassung der berufsbezogenen Persönlichkeit* unter Einsatz von *psychologischen Testverfahren, situativen Übungen* und eines professionell geführten *psychologischen Interviews.*

3.4.3 Qualitätsmaßstäbe für die Personalauswahl

Wegen der grundlegenden Bedeutung der Güte einer Auswahlentscheidung sind an die angewendeten Auswahlverfahren *hohe Qualitätsmaßstäbe* anzulegen. Dabei sind die folgenden *Bewertungskriterien* wichtig:

- Die Auswahl muss sich an einem konkreten *Anforderungsprofil* der zu besetzenden Stelle orientieren.
- Die eingesetzten Auswahlverfahren müssen nachweislich über *Messgütekriterien* zu ihrer Validität, Reliabilität und Objektivität verfügen. Dabei bedeutet *Validität*, dass ein Verfahren tatsächlich das misst, was es zu messen vorgibt. *Objektiv* sind insbesondere Auswahlverfahren, deren Ergebnis unabhängig von demjenigen sind, der das Verfahren anwendet. *Reliabilität* liegt vor, wenn ein Auswahlverfahren genau das misst, was es messen soll (= Messgenauigkeit), ohne dass dabei die Validität berücksichtigt wird.
- Die einzelnen *Auswahlschritte* müssen einem adäquaten *Auswahlkonzept* entsprechen.
- Die für die Auswahl *verantwortlichen Personen* müssen für diese Aufgabe *kompetent* sein.
- Es erfolgt eine *Evaluation der Auswahlentscheidung*, d.h. eine Erfolgskontrolle bezüglich der Auswahlentscheidung und der eingesetzten Methoden.

3. 5 Mitarbeiterbefragungen als Basis von Personal-Ent-Wicklung

Wenn ich als Unternehmer oder Manager wissen möchte, was meine Mitarbeiter *bewegt* (= motiviert![23]), gibt es eine einfache Methode: Sie zu fragen. Denn wie heißt es so schön in einem chinesischen Sprichwort:

> *Wer fragt, ist ein Narr für fünf Minuten. Wer nicht fragt, bleibt ein Narr für immer.*

23 Etymologie: lat. motus: Bewegung, Gemütsbewegung, Geistestätigkeit, Trieb, Antrieb; lat. movere: bewegen, anregen, in Tätigkeit versetzen, rühren, begeistern, zu etwas drängen, hervorrufen, verursachen.

Die *Durchführung einer Mitarbeiterbefragung* im Unternehmen bietet folgende *Vorteile*:

- Die Mitarbeiterbefragung ist ein *Instrument kooperativer Führung und Zusammenarbeit.*
- Sie *fördert* einen *innovativen, motivierenden und zukunftsorientierten Führungsstil.*
- Unabhängig von der Qualifikation der beteiligten Mitarbeiterinnen und Mitarbeiter liefert sie zahlreiche *Anregungen zur Verbesserung der Arbeitsorganisation.*

Als *Themenbereiche* der Mitarbeiterbefragung kommen insbesondere in Frage:

- Tätigkeit/Arbeitsorganisation
- Arbeitsbedingungen
- Entgelt und Sozialleistungen
- Kommunikation / Information
- Zusammenarbeit
- Möglichkeit zum Einbringen eigener Interessen und eigener Leistungsbereitschaft
- Entwicklungsmöglichkeiten (Fortbildung, Aufstiegsmöglichkeiten)
- Kundenorientierung
- Unternehmensimage / Arbeitsplatzsicherheit
- Erhebung von Daten

Ich gehe in meiner Beratungstätigkeit bei der Konzeption einer Mitarbeiterbefragung gerne von dem folgenden *Grundprinzip der Fragen* aus:

- Beschreibung der Ist-Situation im jeweiligen Arbeitsbereich.
- Was klappt gut?
- Was könnte verbessert werden?

Beispielfragen:

- Beschreiben Sie bitte einmal einen typischen Arbeitstag.
- Wie könnte man Ihrer Meinung nach den innerbetrieblichen Meinungsaustausch verbessern?
- Unterstützt Sie Ihre Vorgesetzte/Ihr Vorgesetzter, wenn es Schwierigkeiten bei der Arbeit gibt?
- Welchen Stellenwert hätte für Sie eine Beteiligung am wirtschaftlichen Ergebnis des Unternehmens?
- Gibt es etwas, was an Ihrem Arbeitsplatz verbessert werden sollte (z.B. Beleuchtung, Belüftung, Arbeitsmaterial usw.)?

- Welche Zusatzleistungen könnte das Unternehmen anbieten, um für Kunden noch attraktiver zu sein?
- Welches sind Ihrer Meinung nach die drei größten Stärken des Unternehmens?
- Welches sind Ihrer Meinung nach noch Schwächen des Unternehmens?

Praktische Hinweise zur Durchführung einer Mitarbeiterbefragung[24]

- Ausgehend von den o.g. Themenbereichen werden die konkreten, *auf die Situation und auf die Bedürfnisse des Unternehmens ausgerichteten Fragen* entwickelt.
- Endlose Fragenkataloge überfordern die Mitarbeiter und verschlechtern die Akzeptanz der Befragung. In der Regel reichen *80 bis 100 Fragen* („Items") aus.
- In kleineren (mittelständischen) Unternehmen kann die Befragung in Form *strukturierter Interviews* durchgeführt werden. Dies hat mehrere Vorteile: Durch Nachfragen seitens des Interviewers können *weitere Informationen* gewonnen werden. Nicht zuletzt betont ein persönliches Interview auch, dass die Unternehmensleitung Wert auf die Einbeziehung des einzelnen Mitarbeiters legt. Dadurch entsteht ein zusätzlicher *Motivationseffekt.*
- Die *Auswertung* der Befragung erfolgt zum großen Teil statistisch, ggf. mit Hilfe eines sozialwissenschaftlichen Statistik-Programms, wie z.B. SPSS[25]. Die Antworten auf offene Fragen werden qualitativ ausgewertet.
- Wahrung der strikten *Anonymität der Antworten* jeder Einzelperson! (Es werden nur die zusammengefassten Antworten der Mitarbeiter ausgewertet.)

24 Eine sehr gute Anleitung zur Durchführung von Mitarbeiterbefragungen mit Praxisbeispielen aus renommierten Unternehmen findet der Leser in: DOMSCH, M. & SCHNEBLE, A. (Hrsg.): Mitarbeiterbefragungen. Heidelberg 1990.

25 Das Kürzel SPSS steht für „Superior Performing Statistical Software" und ist seit vielen Jahren das mit am weitesten verbreitete Programm zur Verarbeitung und Analyse von Daten.

3. 6 Die Projektstruktur von Personal-Ent-Wicklungsmaßnahmen

Bereits aufgrund der vorstehenden Ausführungen ist wohl nachvollziehbar, dass moderne Personal-Ent-Wicklungsmaßnahmen einer Projektstruktur[26] bedürfen.

Nach meiner Beratungserfahrung ist bei der Durchführung die folgende Leitlinie von zentraler Bedeutung:

Projekte stark anfangen *und* stark umsetzen!

Der geneigte Leser – die geneigte Leserin – wird sicherlich die Anspielung auf die Verballhornung „*Schwach anfangen – stark nachlassen*" bemerken. Solche „Contrajekte" bleiben hoffentlich die Ausnahme ... In der Praxis der Unternehmensberatung und Organisationsentwicklung trifft man eher den Fall, dass Personal- bzw. Organisationsentwicklungs- und Effizienz-Steigerungsprojekte mit Elan und Begeisterung begonnen werden, dann aber entweder in der Erstellung eines umfänglichen teuren Experten-Berichtes oder im betrieblichen Alltag mit seinen Zwängen und eingefahrenen Abläufen „versanden".

Dabei sind die Prinzipien für den erfolgreichen Umgang mit komplexen Systemen wissenschaftlich längst herausgearbeitet. So beschreibt etwa Frederic VESTER[27] häufige *Strategiefehler*, die für das Scheitern von Handeln in Systemen verantwortlich sein können:

- mangelnde Zielbeschreibung
- isolierte Behandlung eines Ausschnitts
- einseitige Schwerpunktbildung
- unbeachtete Nebenwirkungen
- Tendenz zur Übersteuerung und zum autoritären Verhalten.

Ein Beispiel aus meiner Praxis möge verdeutlichen, welche Auswirkungen solche Strategiefehler im „System Unternehmen" haben kann:

26 Projekt (lat.): Planung, Entwurf.

27 Vgl. VESTER, F.: Die Kunst, vernetzt zu denken. Ideen und Werkzeuge für einen neuen Umgang mit Komplexität. Der neue Bericht an den Club of Rome. München 2002.

Was tut *das logisch-linear denkende Management*, wenn sich in einem Teilbereich des Unternehmens die Auftragslage verschlechtert? Ganz klar, zunächst einmal müssen die Kosten gesenkt werden! Die Verträge der Mitarbeiter werden zeitmäßig halbiert, das spart eine Menge Personalkosten.
Prima, so muss jeder Kaufmann handeln, das ist doch selbstverständlich ...

Aber:

☞ Warum sinkt plötzlich die Motivation der Mitarbeiter, die doch früher so engagiert waren und sich in ihrem Arbeitsbereich im Grunde wie selbstständige Unternehmer verhalten haben? Da wurde nicht auf die Uhr geschaut, absolute Kundenorientierung war selbstverständlich, es kamen Ideen en masse!

☞ Und warum ist plötzlich – im Unterschied zu früher – ständig der Betriebsrat in Fragen zu organisatorischen Regelungen in dem „geleanten" Arbeitsbereich einbezogen?

☞ Und wieso häufen sich jetzt die Krankmeldungen in diesem Bereich?

☞ Auch die Auftraggeber des Unternehmens signalisieren Befremden, sprechen davon, dass es schließlich noch Alternativen gebe. Warum nur?

☞ Und schließlich: Warum verschlechtert sich das Betriebsklima auf einmal auch in anderen Abteilungen, und warum häufen sich die Kündigungen von bisher hoch motivierten und engagierten Mitarbeitern?

Offenbar ist Management mehr als einfaches Ursache-Wirkungsdenken! Bei allen unternehmerischen Entscheidungen sind eben mögliche Nebenwirkungen und paradoxe Effekte einzubeziehen. Einseitigkeit und autoritäres Vorgehen des Managements haben ihren Preis, und nach einmal getroffenen Fehlentscheidungen ist es nun einmal unmöglich, „verschüttetes Wasser wieder aufzulesen" ...

So kommt der Coach zu einem Beratungsauftrag (was ja auch sein Gutes hat ...).

Wie ist praktisch vorzugehen, damit das angestrebte quantitative oder qualitative Projektergebnis in dem komplexen „System Unternehmen" mit einer hohen Erfolgswahrscheinlichkeit erreicht wird?

3.6.1 Erfolgsfaktoren von Ent-Wicklungsprojekten

Die folgenden Grundsätze gelten für alle Projekte in Unternehmen, die eine Verbesserung des Betriebsklimas, der Leistungsmotivation oder des wirtschaftlichen Ergebnisses anstreben. Sie beruhen auf meinen Erkenntnissen aus der Beschäftigung mit der Theorie und Praxis der Organisationsentwicklung, meiner langjährigen diesbezüglichen praktischen Erfahrung in der Beratung von Unternehmern und Unternehmen sowie auf Erfahrungen und Erkenntnissen, die ich durch die theoretische und praktische Auseinandersetzung mit dem Effizienzsteigerungsmodell nach RESCHKE & MICHEL gewonnen habe.[28] Das nachfolgende Konzept wurde inhaltlich speziell auf den Bereich der Personal-Ent-Wicklung ausgerichtet. Entsprechende Projekte setzen allerdings voraus, dass ein *Mindestmaß an personeller Kapazität* hierfür eingesetzt werden kann, so dass die Vorgehensweise z.B. auf einen Handwerksbetrieb mit wenigen Mitarbeitern nicht ohne weiteres übertragbar ist.

Die erfolgreiche Einführung und Umsetzung von Ent-Wicklungsprojekten hängt von der konsequenten Beachtung der folgenden *9 Erfolgsfaktoren* ab:

Erfolgsfaktor 1: Vision

Die Unternehmensführung braucht eine **Vision**: Wer sind wir (als Unternehmen/Unternehmer)? Welche langfristigen **Ziele** wollen wir erreichen?

Erfolgsfaktor 2: Mission

Eine *Mission* bringt die Frage „Wie wollen wir in der Öffentlichkeit – insbesondere von Kunden – gesehen werden?“ auf eine griffige Formel; z.B. „Wenn’s um Geld geht – Sparkasse.“

Falls eine Vision bzw. Mission noch nicht vorhanden sind, sollten sie in einem ersten Schritt in einem Workshop mit der Unternehmensführung erarbeitet werden.

Erfolgsfaktor 3: Konkrete strategische Unternehmensziele

Im nächsten Schritt definiert die Unternehmensführung konkrete Ziele, bezogen auf einen bestimmten Planungszeitraum, beispielsweise:

---

28 RESCHKE, D.F. & MICHEL, W.: Effizienz-Steigerung durch Moderation. Projektmanagement und Sanierungsprojekte professionell durchführen. Heidelberg 1998.

- Umsatzziele
- Kostensenkungsziele
- Qualitative Ziele, wie: Senkung der Fehlerquote um x%, Erschließung neuer Marktsegmente, Verbesserung der Kundenorientierung etc.

Bereits zu diesem Zeitpunkt erfolgt eine enge Abstimmung der Zielsetzung mit der Arbeitnehmervertretung und – falls vorhanden – dem Aufsichtsrat.

Bei der *Zieldefinition* sind die *Kriterien für wohlgeformte Ziele* zu beachten. Insbesondere müssen die Ziele

- **L** ockend
- **A** kzeptiert
- **M** essbar
- **P** ositiv formuliert
- **E** rreichbar (realistisch) sein.

Des Weiteren sind auch die innerbetrieblichen Auswirkungen der angestrebten Veränderungen zu bedenken, vor allem mögliche unerwünschte Nebenwirkungen (z.B. Furcht vor Mehrbelastung oder vor dem vermeintlichen Aufdecken von Führungsschwächen).

Erfolgsfaktor 4: Einbeziehung der Mitarbeiterinnen und Mitarbeiter

Nicht selten verkündet die Unternehmensleitung hehre Visionen und Ziele; die Mitarbeiter wissen aber nicht, wie sie diese Ziele konkret in ihrer alltäglichen Praxis umsetzen sollen. Mögliche Folge: Der gute Wille ist vorhanden, aber die alltäglichen Pflichten verhindern neues Verhalten (man möchte ja gerne, aber ...).

Die aktive Einbeziehung aller Mitarbeiter schon bei Beginn des Projektes ist der entscheidende Erfolgsfaktor bei Personal-Ent-Wicklungs- bzw. Organisations-Ent-Wicklungs- und Effizienz-Steigerungsprojekten.

Selbstverständlich umfasst der Begriff ‚Mitarbeiter' auch die *Arbeitnehmer-Vertretung*. Auch sie muss von Anfang an vertrauensvoll an dem Projekt be-*Teil*-igt werden.[29]

29 Eine solche Mitarbeiterbeteiligung von innen heraus ist übrigens eine ausgezeichnete Alternative zu formalistischen, einseitig gewerkschaftlich motivierten, betriebsverfassungsrechtlichen Mitbestimmungsansätzen.

Erfolgsfaktor 5: Einbeziehung aller Unternehmensbereiche

Verbesserungen durch Personal-Ent-Wicklung sind auf allen horizontalen und vertikalen Unternehmensebenen möglich. In der betrieblichen Praxis wurde in den vergangenen Jahren sehr stark auf den Bereich ‚Produktion' fokussiert. Vor allem in den Großunternehmen des produzierenden Gewerbes sind hier mittlerweile die Rationalisierungs- und Effizienzsteigerungspotenziale durch *TQM*[30], Kontinuierliche Verbesserungsprozesse *(KVP), Kaizen*[31] etc. weitgehend genutzt. Die Verbesserungsmöglichkeiten in anderen Bereichen werden offensichtlich – aus welchen Motiven auch immer – zögerlicher angegangen.

Erfolgsfaktor 6: Erstellung von Stärken-Schwächen-Profilen

Die Unternehmensleitung benennt die federführenden Personen für die Personal-Ent-Wicklung in den einzelnen Arbeitsbereichen (= Teilprojektkoordinatoren). Zunächst wird ein *Projektkoordinator* ausgewählt, der das Unternehmen gut kennt, der ein guter Kommunikator ist und der – gemeinsam mit dem externen Moderator – das Projekt federführend begleitet. Je nach Projektumfang ist seine Freistellung für die Dauer des Projektes erforderlich. Projektkoordinator und Moderator führen, quasi als „Tandem", mit den einzelnen Leistungsträgern der verschiedenen Unternehmensbereiche *Stärken-Schwächen-Fachgespräche*. Ziel ist die Erstellung eines *Stärken-Schwächen-Profils* und das aktive Finden von notwendigen bzw. sinnvollen Personal-Ent-Wicklungsmaßnahmen. In der Regel werden bereits in dieser Phase externe Dienstleister (Coaches, Moderatoren, Trainer) einbezogen. Dies ist insbesondere wichtig, um in speziellen Fragen, z.B. bei der Definition realistischer Ziele, ihre fachliche Sichtweise mit einzubeziehen. So wird vermieden, Projekte „ins Blaue hi-

30 TQM = Total Quality Management. Nach der DIN EN ISO 8402 ist umfassendes Qualitätsmanagement eine Managementmethode, die sich auf die Mitwirkung aller Mitarbeiter einer Organisation stützt, wobei die Qualität einer Leistung und die Zufriedenheit der Kunden im Mittelpunkt steht.

31 Im japanischen Ansatz des KVP (Kontinuierlicher Verbesserungs-Prozess) bzw. des Kaizen ist es die beständige Aufgabe einer Arbeitsgruppe, Schwachstellen nicht nur zu erkennen, sondern auch zu eliminieren. Den Arbeitnehmern wird bezahlte Arbeitszeit zur Verfügung gestellt, um an speziell eingerichteten KVP-Zirkeln teilzunehmen und so Verbesserungen zu erarbeiten. Vorgeschlagene Verbesserungsmaßnahmen werden unmittelbar nach der Erarbeitung durch den Vorgesetzten begutachtet und bei Annahme sofort umgesetzt, was – im Unterschied zu dem in der Praxis oft als frustrierend erlebten bürokratischen Ablauf es Betrieblichen Vorschlags-Wesens (BVW) – mit einem kurzen Instanzenweg und kurzen Durchlaufzeiten verbunden ist.

nein“ zu planen, ohne die späteren praktischen Umsetzungsmöglichkeiten zu berücksichtigen.

Erfolgsfaktorfaktor 7: Definition von Teilprojekten

Auf der Basis der Stärken-Schwächen-Fachgespräche wird – i.d.R. unter Einbeziehung des Unternehmens-Controllers – das jeweilige *Kosten-Nutzen-Verhältnis (Return-on-Input; ROI)* möglicher Personal-Ent-Wicklungsmaßnahmen (= Teilprojekte) ermittelt. Hierbei müssen natürlich die Kosten für die Einbeziehung externer Beratungs- und Trainingsleistungen berücksichtigt werden. Teilprojekte mit einem interessanten ROI werden der Unternehmensleitung vorgestellt.

Erfolgsfaktor 8: Kick-off des Personal-Ent-Wicklungsprojektes

In einer *Kick-off-Veranstaltung*, an der außer der Unternehmensleitung die Arbeitnehmervertretung, ggf. der Aufsichtsrat, der Projektkoordinator, die Teilprojektkoordinatoren sowie der externe Moderator teilnehmen, werden die ausgewählten Personal-Ent-Wicklungsprojekte offiziell gestartet.

Erfolgsfaktor 9: Umsetzungsphase

Projektkoordinator und Moderator begleiten kontinuierlich die Umsetzung der einzelnen Teilprojekte durch die Teilprojektkoordinatoren bzw. die mit der Durchführung beauftragten externen Coaches, Moderatoren und Trainer und geben Unterstützung und Hilfestellung. Im Abstand von ca. 6 Wochen stellen die Teilprojektkoordinatoren die Zwischenergebnisse in *Lenkungsausschüssen* vor. Dies erfolgt so lange, bis alle Teilprojekte erfolgreich umgesetzt sind.

Was macht die beschriebene Vorgehensweise bei Personal-Ent-Wicklungsprojekten so erfolgreich?

Es sind insbesondere 3 *„Meta-Erfolgsfaktoren“*:

- Die aktive Heraus-*Forderung* und die durch die eigenverantwortliche Projektumsetzung auch kontinuierlich sich ergebende *Förderung* der Mitarbeiter,
- die konsequente *Einbeziehung aller Unternehmensbereiche und -ebenen* (top down/bottom up) sowie des *externen fachlichen Know-hows* bereits in der Planungsphase,

- die *Systematik* des konsequenten Vorgehens unter Einbeziehung von praxisbewährten Checklisten und Formularen.

3.7 Betriebliches Gesundheitsmanagement (BGM) als Teil einer modernen Personal-Ent-Wicklung

> Zitat einer *Pressemeldung* des Mailservice des Saarländischen Rundfunks vom 1.8.2002:
>
> ***Saarbrücken:***
> ***Arbeitskammer fordert betriebliche Gesundheitsoffensive***
> Die Arbeitskammer des Saarlandes fordert eine betriebliche Gesundheitsoffensive. Der Vorstandsvorsitzende, Zakrzweski, sagte, dass Personalabbau, Leistungsdruck, Überstunden und Schichtarbeit zu immer mehr Stress und psychischen Belastungen führten. Diese seien Ursache für knapp ein Drittel aller Fälle von Arbeitsunfähigkeit. Der Gesellschaft entstehe dadurch ein Schaden von jährlich knapp 25 Milliarden Euro. Arbeitgeber, Unfallversicherer und Krankenkassen seien deshalb gefordert.

Die Bundesanstalt für Arbeitsmedizin schätzte vor einigen Jahren krankheitsbedingte Unternehmensverluste auf jährlich 88 Milliarden DM.

Von daher ist es nicht verwunderlich, dass dem Thema „Gesundheit im Betrieb" in den Unternehmen zunehmend Aufmerksamkeit entgegengebracht wird. Denn einer empirischen Studie zufolge[32] lag *bei rund einem Drittel der untersuchten Mitarbeiter* aus Unternehmen und verschiedenen Bereichen der öffentlichen Verwaltung eine *gesundheitliche Beeinträchtigung* (Alkohol-/Medikamentenabhängigkeit, psychosomatische Beschwerden bzw. psychische Befindensbeeinträchtigungen) vor.

Wie bereits im Kapitel 3.2 angesprochen, sind drastische Methoden, wie der *Einsatz von Detektiven, Kontrollbesuche* und *disziplinierende Rückkehrgespräche*, um die Fehlzeiten zu senken, der falsche Weg. Es sind vielmehr pfiffige, kreative Ideen gefragt, um die Motivation der Mitarbeiter nicht noch weiter in den Keller zu treiben. Hierzu ein Beispiel aus der betrieblichen Praxis[33]:

32 Vgl. VON ECKARDSTEIN et al.: a.a.O.
33 Zitiert aus einem Artikel von Angela WITTMANN in DIE ZEIT (o.D).

Fit für die Firma –
Gute Chefs beugen vor und sorgen sich um das Wohlbefinden ihrer Angestellten

Wenn ein Apfel pro Tag tatsächlich den Doktor erspart, dann hat der Spielehersteller Ravensburger gewonnen: Wird es Herbst, stärken sich seine 1200 Mitarbeiter am rotwangigen Obst. Besucher bekommen an der Pforte einen Apfel in die Hand gedrückt, in den Fluren bedient man sich aus großen Futterkrippen, in Besprechungen wird kraftvoll zugebissen. Seit Projektleiter Hubert Pfaff 1996 das drei Jahre dauernde Modell „Gesundheitsmanagement bei Ravensburger" auf den Weg gebracht hat, gehört auch der Vitaminhaushalt zur Erfolgsbilanz. Nach dem Motto „Je gesünder die Mitarbeiter, desto gesünder das Unternehmen" wird gemeinsam gearbeitet und gejoggt.

Hubert Pfaff rennt mit gutem Beispiel voran. Dass es wohl tue, schon im Morgengrauen durchzustarten, davon hat den langjährigen Personalchef ein Seminar überzeugt. Fast hundert Mitarbeiter, darunter 20 Führungskräfte, hat dieses Angebot zu Mitläufern gemacht. Weitere Veranstaltungen beschäftigten sich mit Ernährung, Hygiene, Rückenschulung und Sicherheit beim Skifahren. Über 200 Mitarbeiter kamen freiwillig zum Aderlass, um ihr Blut analysieren zu lassen, Gesundheitszirkel kümmern sich um Verbesserungen im Arbeitsalltag, in den Abteilungen hängt Monat für Monat der Krankenstand aus. Studiert wird die Statistik mit sportlichem Ehrgeiz – wie eine betriebsinterne Bundesliga-Tabelle.

Die Angst, es könnte Absteiger geben, musste erst ausgeräumt werden: „Die wollen nur den letzten Rest aus uns rauspressen", hieß es, „oder die Kranken loswerden." Der Betriebsrat, von Anfang an am Projekt beteiligt, leistete Überzeugungsarbeit. Auch von außen kam Unterstützung: Neben der AOK stieg die Gesellschaft für Arbeitsmedizin (GFA) in Tuttlingen ein. Die Diagnose der externen Experten ergab unter anderem, dass es nicht selten die jeweiligen Vorgesetzten sind, die ihre Spiele- und Puzzle-Mitarbeiter krank machen. Ein Workshop für die leitenden Angestellten zum Thema Führung und Gesundheit überzeugte letzte Skeptiker, dass es den Chefs nicht um Druck, sondern um Denkanstöße geht.

Auch die Europäische Union befasst sich mit der *Betrieblichen Gesundheitsförderung*.[34] Nach ihrer Einschätzung befindet sich die Arbeitswelt in einer Phase tief greifenden Wandels, deren Rahmenbedingungen u.a. sind:

- Globalisierung,
- Arbeitslosigkeit,
- wachsende Verbreitung neuer Informationstechnologien,
- Veränderungen der Beschäftigungsverhältnisse (z.B. befristete und Teilzeitarbeit, Telearbeit),
- älter werdende Belegschaften,
- wachsende Bedeutung des Dienstleistungssektors,
- Personalabbau (Downsizing),
- wachsender Anteil von Arbeitnehmern in Klein- und Mittelbetrieben,
- Kundenorientierung und Qualitätsmanagement.

Die *Verbesserung von Gesundheit und Wohlbefinden am Arbeitsplatz* soll laut dem Europäischen Netzwerk für betriebliche Gesundheitsförderung durch eine Verknüpfung folgender Ansätze erreicht werden:

- *Verbesserung* der *Arbeitsorganisation* und der *Arbeitsbedingungen*
- Förderung einer *aktiven Mitarbeiterbeteiligung*
- *Stärkung persönlicher Kompetenzen.*

Die Bedeutung des Faktors Gesundheit im Arbeitsleben wird auch durch aktuelle Ergebnisse der **Konjunkturforschung** bestätigt, wonach der Bereich „Förderung der körperlichen und psycho-sozialen Gesundheit" *das* Zukunftsthema der nächsten Jahrzehnte sein wird.[35] Träger der nächsten langen Welle der Konjunktur wird vermutlich der Bereich Umwelt und Gesundheit sein. Ein hohes wirtschaftliches Leistungsniveau auf Dauer setzt eine Ausbalancierung der beruflichen und privaten Bedürfnisse der arbeitenden Menschen voraus. Die Zunahme von Dis-Stress, Burn-out-Syndromen, Suchtproblemen und psychischen Krankheiten geht zu Lasten der (volks-)wirtschaftlichen Produktivität. Deshalb unterstützt ein modernes Unternehmen auch Maßnahmen, die das Auffüllen der körper-

34 Vgl. die Homepage der betrieblichen Sozial- und Suchtberatung der Carl von Ossietzky Universität Oldenburg: http://www.admin.uni-oldenburg.de/bssb/gast/pbg/luxemb.html

35 Vgl. z.B. THOMAS, Hans/NEFIODOW, Leo. A. (Hg.): Kondratieffs Zyklen der Wirtschaft. An der Schwelle neuer Vollbeschäftigung? Herford 1997.

lichen und psychischen „Kraftquellen“ der Mitarbeiter – ihrer personalen Ressourcen – fördern, z.B. Gesundheitsförderung, Förderung musischer und künstlerischer Interessen usw.

Neben der „klassischen Personalentwicklung“ ist in der Personalarbeit die *Personalpflege (PP)*[36] ein weiterer Ansatzpunkt für die qualitative Personalbetreuung. Die Personalentwicklung zielt auf die Verbesserung der *Fach-, Management- und Sozialkompetenz*. Die Personalpflege strebt den *gesunden und leistungsfähigen Mitarbeiter in der gesunden und leistungsfähigen Organisation* an. Die folgende Abbildung zeigt die unterschiedlichen Schwerpunkte der beiden Ansätze und macht gleichzeitig deutlich, dass sowohl Personalentwicklung als auch Personalpflege verschiedene Wege zur Erreichung desselben Zieles sind (siehe Abbildung nächste Seite):

36 vgl. BRINKMANN, R.: Mitarbeitercoaching. Heidelberg 1994

Qualitative Personalarbeit[37]

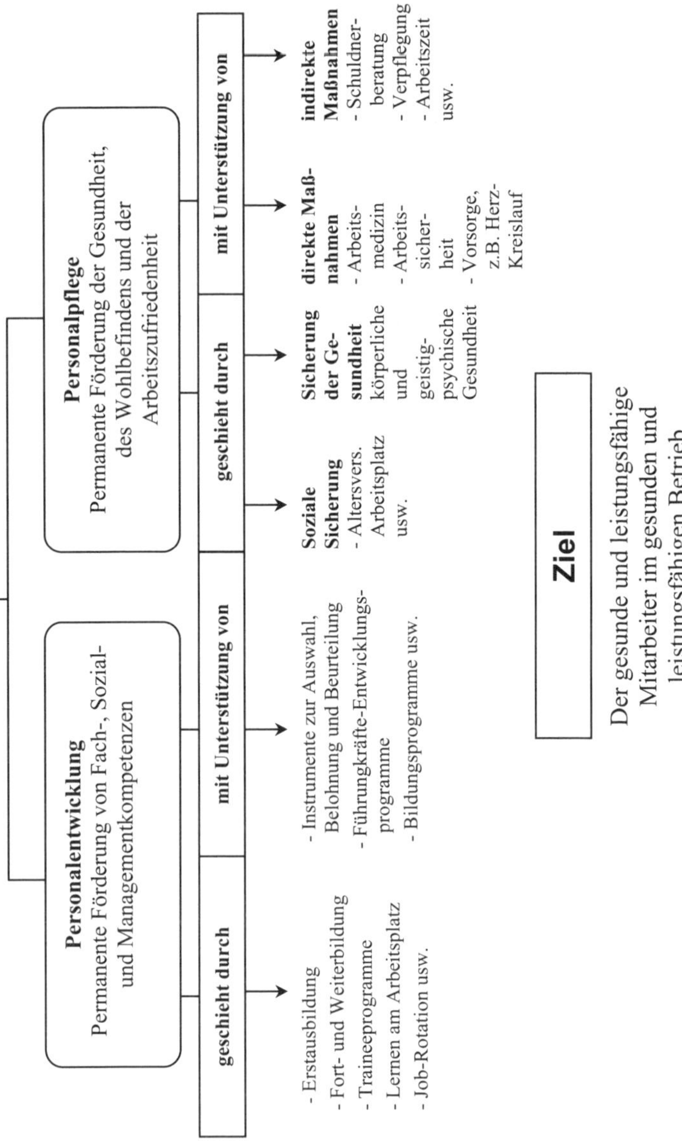

37 Aus: BRINKMANN, a.a.O., S. 23.

Untersuchungen haben gezeigt, dass ein hohes Maß an Wohlbefinden und Zufriedenheit der Mitarbeiter über *Qualitätsverbesserungen, Kostensenkungen*, eine *sinkende Krankheits- und Fluktuationsrate* sowie durch eine insgesamt *verbesserte Arbeitsatmosphäre und Arbeitsmotivation* zu einer *höheren Leistungsfähigkeit und Produktivität* führt. Auch *betriebswirtschaftlich* lässt sich zeigen, das ein aktives Herangehen an die Probleme mit dem Ziel einer Steigerung von Wohlbefinden und Gesundheit der Mitarbeiter im Vergleich zu arbeitsrechtlichen Konsequenzen (Kündigung), Tolerierung oder Ignorieren des Problems allemal der ökonomisch sinnvollere Weg ist.

Nicht zuletzt führt ein aktives Betriebliches Gesundheitsmanagement auch zu einer *Imageverbesserung* des Unternehmens: Es dokumentiert damit, dass es sich für das Wohl der im Unternehmen arbeitenden Menschen engagiert.

Nach einem modernen Verständnis ist der tradierte, überwiegend regulierte Gesundheits- und Arbeitsschutz integrativer Bestandteil des Betrieblichen Gesundheitsmanagements (BGM).[38] Bedingt durch den radikalen Wandel gesellschaftlicher und wirtschaftlicher Rahmenbedingungen in den vergangenen 30 Jahren ist eine steigende Bedeutung des Humankapitals, insbesondere unter einer globalen Perspektive, als entscheidender Wettbewerbsfaktor zu beobachten. KENTNER betont, dass aufgrund der veränderten wirtschaftlichen Rahmenbedingungen das gesamte psycho-emotionale und -soziale Potenzial der Mitarbeiter zu unterstützen und auszuschöpfen sei. Insbesondere bei der Verbesserung der internen Prozesse im Unternehmen und zum Ausbau der Entwicklungsfähigkeit wird im Betrieblichen Gesundheitsmanagement ein wesentliches Managementinstrument gesehen. Mögliche Maßnahmen zur Optimierung der Humanressourcen bzw. der Unternehmensprozesse basieren in der Konzeption von IAS auf medizinischen, psychologischen und technischen Ansätzen. Entsprechende Maßnahmen setzen bereits bei der Diagnostik der Humanressourcen an und umfassen bei IAS aber beispielsweise auch beratende Aktivitäten:[39]

---

38 Vgl. KENTNER, M. in: Jahresbericht 2001 des IAS Instituts für Arbeits- und Sozialhygiene Stiftung, Karlsruhe.

39 Darstellung hier in verkürzter Form. Die vollständige Tabelle ist in dem kostenlos erhältlichen Jahresbericht 2001 der IAS veröffentlicht (www.ias-stiftung.de).

Mögliche Bereiche und Maßnahmen eines umfassenden interdisziplinären Betrieblichen Gesundheitsmanagements am Beispiel des Dienstleistungsspektrums der IAS Stiftung und DB GesundheitsService GmbH

Unter-nehmens-perspektive	**Parameter**	**Maßnahmen**		
		Medizin	**Psychologie/ Soziales**	**Technik**
Human-ressourcen	- Gesundheit - Leistungs-fähigkeit	- Arbeits-medizinische Vorsorge-untersuchungen - Einstellungs-untersuchungen	- Personal-auswahl - Personal-entwicklung	- Arbeitsschutz-, Umwelt- und Qualitäts-management - Altersgerechte Arbeits-gestaltung
	Weiche Faktoren - Motivation - Zufriedenheit - Identifikation - Betriebsklima	- Fehlzeiten-management	- Stressimpfung, Stress-management - Gesundheits-gespräche - Outplacement-beratung - Betriebsklima-analyse	- Generationen-übergreifende Arbeits-organisation - Schulungen im Arbeits-, Umwelt- und Brandschutz
	Negative Effekte - Mobbing - Innere Kündigung - Burn-out - Arbeitssucht		- Konflikt-management - Deeskalations-techniken - Psycho-therapeutische Unterstützung	
...				

Mögliche *Ansatzpunkte für eine aktive Gesundheitsförderung im Unternehmen* sollen konkret am *Beispiel der Suchtprävention* aufgezeigt werden:

Ansatzpunkte für Suchtpräventions-Maßnahmen:

- der MENSCH:
  - Information
  - Training der Führungskräfte
  - Aufbau von Verhaltensalternativen (Co-Alkoholismus)
  - Stärkung suchtinkompatiblen Verhaltens
- die ORGANISATION:
  - Unternehmensleitbild
  - Führungsgrundsätze
  - Betriebsklima
  - Betriebsvereinbarung
- die SUCHTMITTEL:
  - Trinksitten/Konsumnormen
  - Verfügbarkeit

Exkurs:

Gesundheitsförderung am Beispiel eines mit Hilfe des Beratungsinstituts des Autors durchgeführten Suchtpräventionsprogrammes in einem kommunalen Verkehrsbetrieb

1. Aktives Handeln braucht ein Motiv!

Die Motivation zur Durchführung des Suchtpräventionsprogrammes entstand aus einem konkreten Praxisfall. Ein Busfahrer wurde früh morgens, kurz vor seinem Dienstantritt auf einem Gelenkzug, in seinem privaten PKW mit einer Blutalkoholkonzentration von 1,3 Promille um 4.30 Uhr von der Polizei angehalten. Der Vorstand des Unternehmens war entsetzt. Was wäre passiert, wenn der Fahrer am Steuer des in der Regel überwiegend mit Schulkindern voll besetzten Busses in eine kritische Verkehrssituation geraten wäre? Wie besonnen und schnell hätte dieser Fahrer bei einer solch starken Alkoholisierung reagiert? Schlagartig wurde dem Unternehmensleiter bewusst, welch tragische Folgen ein möglicher Unfall hätten haben können. Abgesehen von seiner Fürsorgepflicht für seine Mitarbeiter und seiner Verantwortung, als Vorstand das Menschenmögliche zu tun, um Leben und Gesundheit der Fahrgäste zu schützen, war auch an den möglichen Rufschaden für das Unternehmen in Folge eines durch einen alkoholisierten Busfahrer verschuldeten Verkehrsunfalles zu denken.

2. Erste Konsequenz: Abklärung des Einzelfalles

Die Reaktionen der Kollegen des Busfahrers waren zunächst kritisch, aber auch verständnisvoll. Hatten nicht die meisten von ihnen schon einmal ein Kraftfahrzeug geführt, obwohl sie vorher alkoholische Getränke zu sich genommen hatten? Viele kannten das schlechte Gewissen, die Wirkung des Alkohols zu spüren: „Aber es sind ja nur ein paar Kilometer …" Hätte das, was dem Kollegen passierte, nicht jedem anderen Fahrer genau so passieren können?

Sie ist weit verbreitet, diese falsche augenzwinkernde, schulterklopfende Solidarisierung und Wir-sitzen-ja-alle-im-gleichen-Boot-Mentalität …. Andererseits sind aber 1,3 Promille im Blut kein Pappenstiel, zumal sie im konkreten Fall früh morgens festgestellt wurden.

Der Vorstand wandte sich an mich als Leiter eines Instituts für Personalberatung in Sicherheitsfragen, das mit seinen Ärzten und Diplom-Psychologen über langjährige Erfahrungen in der Diagnostik und Behandlung von Suchtgefährdeten verfügte.

3. Ab wann ist jemand Alkoholiker?

Der betroffenen Busfahrer – nennen wir ihn „Herr A." – willigte ein, im Rahmen einer medizinischen und psychologischen Untersuchung das Ausmaß seiner Alkoholgefährdung sowie die Möglichkeiten einer Aufarbeitung seiner Problematik abklären zu lassen. Eine Ärztin und ein Diplom-Psychologe nahmen sich einen Vormittag Zeit, um mit Hilfe ausführlicher Gespräche und medizinischer und psychologischer Untersuchungs- bzw. Testverfahren eine individuelle Diagnose zu stellen.

Es zeigte sich, dass Herr A. über eine langjährig erworbene Alkoholgewöhnung verfügte. Gleichzeitig bagatellisierte er aber seine Alkoholgefährdung. Aussagen wie: *„Das waren wahrscheinlich 2 Bier, was im Blut war … Dann noch ein Schnaps, weil das Essen so fett war … Ich war klar … Ich war voll fit"* zeigten, dass er sich seiner Problematik nicht bewusst war. Immerhin lag ein Blutalkoholgehalt von 1,3 Promille vor, bei einem durchschnittlichen Mann der Gegenwert von circa 3 Litern Bier oder 1,5 Litern Wein, getrunken über einige Stunden.

Wir empfahlen Herrn A. die Inanspruchnahme fachlicher Hilfe in Form einer Beratungsmaßnahme über ein halbes Jahr. Anschließend sollte in einer erneuten medizinischen und psychologischen Untersuchung geklärt werden, ob die Behandlung zu einer Problemeinsicht und einer stabilen Alkoholabstinenz geführt hatte. Mit dem Vorstand des Verkehrsunternehmens war abgestimmt, dass Herr A. nach erfolgreicher Durchführung der

Maßnahme weiterhin im Unternehmen beschäftigt werden sollte. Auch der Betriebsrat war mit dieser Lösung einverstanden.

4. Lösung des Problemfalles

Häufig werden Alkohol- oder Suchtprobleme im Betrieb nach dem „Modell der Einzelfall-Lösung“ bearbeitet: Der Problemträger ist identifiziert, das Symptom ist kuriert und der Patient gilt nach erfolgreicher individueller Behandlung als geheilt.

Dem Vorstand des Unternehmens war allerdings bewusst, dass mit dieser individuellen Lösung das Problem noch lange nicht vom Tisch war. Schließlich pflegen, entsprechenden Untersuchungen zufolge, bis zu 25 % der Mitarbeiterinnen und Mitarbeiter einen problematischen Umgang mit Alkohol, Medikamenten und/oder Drogen.

Zunächst dachte der Vorstand daran, für die Busfahrer vor Dienstantritt stichprobenweise Alkoholkontrollen mit Hilfe eines Atemalkoholtestgerätes einzuführen. Nach Rücksprache mit mir wurde – nicht zuletzt auch wegen entsprechend kritischer Reaktionen aus der Belegschaft und seitens des Betriebsrates – eine andere Vorgehensweise vereinbart. Es wurde die Durchführung von Seminaren mit allen mittleren Führungskräften (Verkehrsmeister, Werkstatt- und Büroleiter) unter Einbeziehung des Vorstandes und des Betriebsrates beschlossen. Hauptthema dieser Seminare war das Erkennen und Ansprechen von Suchtgefährdeten im Betrieb.

Im Rahmen dieser Seminare wurden von den Beteiligten auch unterschiedliche Alkoholkonsumgewohnheiten in den einzelnen Unternehmensbereichen kritisiert. So sollte für die Fahrer und die Werkstatt absolutes Alkoholverbot im Dienst gelten; im Bereich der Verwaltung zeugten jedoch Bierkästen und Wein- und Sektflaschen im Küchenbereich von einer durchaus liberaleren Haltung gegenüber dem Thema „Alkohol im Betrieb“ …

Besonderen Wert legten die Seminarleiter – ein Diplom-Psychologe und eine Ärztin – darauf, dass im Unternehmen nicht eine Atmosphäre der Bespitzelung und Denunziation entstand. Oberstes Ziel war, dass sich die Seminarteilnehmer ihres möglichen Co-Alkoholiker-Verhaltens bewusst wurden: Bei auffälligem Verhalten wegschauen, die Person in Schutz nehmen oder moralisieren. Die Seminarteilnehmer lernten stattdessen neue Verhaltensweisen, um zukünftig konsequent und hilfreich mit suchtgefährdeten Kollegen bzw. Mitarbeitern umzugehen. Erleichtert wurde die Lernsituation im Seminar durch die lockere Atmosphäre und die Offenheit der Beteiligten.

5. Suchtseminare im Betrieb und die Folgen …

Der Erfolg der vom Vorstand veranlassten suchtpräventiven Maßnahmen war durchschlagend: Alkoholische Getränke wurden mit Zustimmung aller Beteiligten konsequent aus dem Arbeitsbereich entfernt. Es wurde vereinbart, dass Feiern, wie z.B. Geburtstage oder Jubiläen, außerhalb des Dienstes zwar auch in dienstlichen Räumen stattfinden durften; alkoholische Getränke mussten jedoch dann mitgebracht und nach Beendigung der Feier wieder aus dem Dienstbereich entfernt werden.

Es leuchtet ein, dass in einer solchen alkoholfreien Unternehmenskultur Mitarbeiter mit Alkoholproblemen eher auffällig werden als in einem Unternehmen, das über alkoholbegünstigende Nischen („Feucht-Biotope") verfügt …

Selbstverständlich ist die beschriebene Vorgehensweise kein Patentrezept, um auf einen Schlag sämtliche Suchtprobleme im Unternehmen zu lösen. Einige Monate nach dem Seminar wurde ein Busfahrer, der von seinem Vorgesetzten mit einer „Alkoholfahne" am Steuer eines Busses angetroffen wurde, sofort vom Dienst suspendiert und kurz danach bereits von uns untersucht. Seine angeblich *„ein, zwei Schlücke Bier zum Essen vor Fahrtantritt"* waren vor dem Hintergrund eines langjährigen Alkoholüberkonsums mit erheblichen Alkoholfolgeschäden nicht überzeugend. Die Vorgehensweise der Wahl entsprach in diesem Fall der oben geschilderten.

6. Aufklärung durch die Polizei?

Die Auffassung, die Polizei werde die „Alkoholsünder" schon erwischen und aus dem Verkehr ziehen, ist ein Mythos. Nur selten wird ein alkoholisierter Kraftfahrer im Wege polizeilicher Ermittlungen auffallen. Die einschlägigen wissenschaftlichen Untersuchungen zeigen, dass die Dunkelziffer für Trunkenheitsfahrten sehr hoch ist (zwischen 1:300 und 1:600).

Ein Unternehmen, das seine Verantwortung bzw. Fürsorgepflicht für seine Mitarbeiterinnen und Mitarbeiter, aber auch für die Folgen des unternehmerischen Handelns ernst nimmt, darf nicht darauf setzen, dass externe Stellen im Sinne einer Qualitätssicherung der Personalauswahl Mitarbeiter mit problematischen Verhaltensgewohnheiten „aussortieren". Verantwortungsbewusstes unternehmerisches Handeln heißt auch, das Mögliche und Notwendige zu tun, um die Sicherheit und Gesundheit der Mitarbeiterinnen und Mitarbeiter zu gewährleisten. Unternehmerische Verantwortung erstreckt sich ebenfalls auf die Vermeidung möglicher nachteiliger Folgen des unternehmerischen Tuns für die gesamte humane und natürliche Umwelt. Suchtprävention im Unternehmen kann hierzu einen wichtigen Beitrag leisten.

Es müssen aber nicht immer gleich die „großen Themen" sein, bei denen in der betrieblichen Gesundheitsförderung angesetzt wird. *Zwei Beispiele* zu Möglichkeiten des *Abbaus von Dis-Stress mithilfe aktiver Entspannungsübungen* aus meiner eigenen Praxiserfahrung mögen dies verdeutlichen:

Effiziente Nutzung der Mittagspause mit Spaßkomponente ☺

In einer Abteilung, in der ich als angestellter Diplom-Psychologe tätig war, fragte ich mich, wie für unser Team insbesondere nach einem stressigen Arbeitsvormittag möglichst rasch ein inneres Umschalten und eine entspanntere Arbeitsatmosphäre erreicht werden könnte. Da ich mich zu diesem Zeitpunkt intensiv mit dem *Einsatz von Musik* zur Unterstützung des aktiven und passiven Lernens beschäftigte, hatte ich die Idee, meinen Kolleginnen und Kollegen ein kleines Experiment vorzuschlagen. Ich konzipierte ein *Mini-Trainingsprogramm für die Mittagspause* mit folgenden Bestandteilen:

- *5 Minuten gemeinsame leichte Gymnastik* (Lockerungsübungen, im Kreis gehen, Kniebeugen etc.), wobei im Hintergrund per Kassettenrecorder ein *aktivierender Musiktitel* eingespielt wurde (konkret handelte es sich um den Titel „Eye in the Sky" von Alan Parsons Project).
- Anschließend *5 Minuten gemeinsame isometrische Übungen* (kurzzeitige Anspannung und Entspannung der Rumpf-, Bein- und Armmuskulatur), wobei im Hintergrund ebenfalls ein *ruhiges, eher meditatives Musikstück* eingespielt wurde (aus dem Album „Silk Road" von KITARO).
- Der Effekt dieses Mini-Entspannungsprogrammes war erstaunlich: Wir alle fühlten uns anschließend frischer und erholt, aktiver, und auch unsere Stimmungslage war positiver. Natürlich lief das Ganze eher locker ab, es wurde auch viel gelacht, was ebenfalls zur Entspannung der Teamatmosphäre beitrug.

Aufgrund der positiven Folgen des Programmes wurde dieses dann zum festen Bestandteil unserer Arbeitswoche.

Für mich zeigte der Erfolg dieser Entspannungsübung, dass *auch mit geringem Aufwand positive psycho-soziale Effekte in einem Arbeitsbereich* erreicht werden können, die sich wiederum günstig auf die Motivation und die Produktivität der Mitarbeiterinnen und Mitarbeiter auswirken. Und den Beteiligten macht es auch noch Spaß!

In der Praxis wird nicht immer eine solche Gruppen-Entspannungs-Übung durchführbar sein, wobei ich allerdings vor vorschnellen „Killerphrasen" – *„Das geht bei uns nicht (...) Die Leute wollen so was nicht"* – warnen möchte.

Für den *individuellen Einsatz* habe ich auf der Basis der bereits dargelegten Überlegungen nach dem *Prinzip*, eine *positive Wirkung mit möglichst geringem Einsatz* zu erreichen, ein anderes *Verfahren zur Entspannung in kurzer Zeit* entwickelt:

Timelight©[40] – Entspannung mit Musik

Ausgangsüberlegung war für mich, dass herkömmliche Entspannungsverfahren, wie Autogenes Training und Progressive Muskelrelaxation, zunächst einmal einen zum Teil nicht unerheblichen Lernaufwand in Form von Übungsstunden erfordern. Dies ist für viele Menschen – gerade wenn sie intensiv im Arbeitsleben stehen – eine Hürde. Meine Idee war, dass Entspannung auch schneller und direkter zu erreichen sein musste, wenn man die entspannende Wirkung von Musik mit bewährten psychologischen Methoden kombinierte.

Ergebnis meiner Überlegungen waren die Komposition eines *sehr ruhigen, meditativen Musiktitels* und die Entwicklung eines Begleittextes, der auf Prinzipien des *Neurolinguistischen Programmierens (NLP)*[41] aufbaute. Dieser Begleittext wird von einem professionellen Sprecher so vorgetragen, dass auch durch die Stimme ein beruhigender Effekt induziert wird. Dabei werden, orientiert am Erleben des Zuhörers, systematisch die verschiedenen Sinnesbereiche (der visuelle, akustische, kinästhetische, olfaktorische und gustatorische Bereich) angesprochen.

Mit Hilfe meiner *Entspannungskassette „TIMELIGHT"* lässt sich so *innerhalb von nur 8 Minuten ein Zustand tiefer Entspannung* erreichen. Teilnehmer meiner Workshops und Seminare berichteten, dass sie das Gefühl

40 Alle Rechte liegen beim Autor. Das Entspannungsprogramm ist bei der GEMA registriert. Nähere Informationen: ips.com@t-online.de.

41 Beim NLP geht es darum, Muster und Strukturen des inneren Erlebens, die bei der Analyse erfolgreicher psychotherapeutischer Techniken entdeckt wurden, für die Änderung des menschlichen Erlebens und Verhaltens nutzbar zu machen (vgl. z.B. STAHL, T.: Neurolinguistisches Programmieren (NLP). Was es kann, wie es wirkt und wem es hilft. Mannheim 1992.

hatten, viel länger „weggetreten" zu sein, als das Ganze tatsächlich dauert und sich anschließend völlig entspannt und wieder frisch zu fühlen.

Besonders freute mich die Rückmeldung eines Manager-Kollegen, der mit dem Einsatz dieser Kassette sehr positive Erfahrungen gemacht hat. Das positive Ergebnis betraf nicht nur ihn selbst, sondern auch seine kleine, sehr lebhafte, fast hyperaktive Tochter. Er berichtete mir hoch erfreut, dass sie bereits während des Anhörens der Kassette nach wenigen Minuten völlig entspannte. So entdeckte der Vater eine Fähigkeit seiner Tochter, die er vorher bei ihr gar nicht vermutet hätte!

3.8 Innerbetriebliche Förderung von Mitarbeitern

Die Berufs- und Arbeitswelt wird immer komplexer, und an die eigenverantwortliche Gestaltung der beruflichen Tätigkeit werden immer höhere Anforderungen gestellt. Eine wichtige Aufgabe der innerbetrieblichen Personal-Ent-Wicklung ist demnach, Potenziale der Mitarbeiter herauszufinden und die Mitarbeiter bei der Entfaltung ihrer Potenziale zu unterstützen. Dabei verfolgt das Unternehmen sowohl unmittelbare als auch mittelbare Förderungsziele[42]. *Unmittelbare Förderungsziele* sind nach BECKER:

- die Senkung der Personalkosten durch verbesserte Nutzung der Mitarbeiterpotenziale
- die Sicherung kompetenter Wahrnehmung aller Aufgaben
- die Vorsorge für Vertretung, Nachfolge und neue Positionen.

Als *mittelbare Förderungsziele* seien anzusehen:

- die Senkung der Fluktuationsrate und des Krankenstandes
- die Bindung der Mitarbeiter an das Unternehmen
- die Erhaltung und Steigerung hoher Arbeits- und Produktqualität
- die Imageförderung bzw. die Nachwuchssicherung.

Nach BECKER wird Förderung als Teil systematischer Personal-Ent-Wicklung zum wichtigen strategischen Erfolgspotenzial der Unternehmen.

42 Vgl. BECKER, M.: Personalentwicklung. Bildung, Förderung und Organisationsentwicklung in Theorie und Praxis. Stuttgart 2002.

Dabei zählt BECKER die folgenden Methoden zur Förderung von Mitarbeitern auf:

Methoden zur Förderung von Mitarbeitern

Methoden der *Auswahl von Mitarbeitern*: Vorauswahl; Endauswahl
Methoden der Einführung neuer Mitarbeiter
Positions- und aufstiegsorientierte Fördermethoden
Stellenbeschreibungen
Anforderungsprofile
Zielvereinbarungen
Leistungsbeurteilungen
Strukturiertes Mitarbeitergespräch
Coaching und Mentoring
Potenzialanalyse
Methoden der Karriere- und Nachfolgeplanung
Job Rotation
Auslandseinsatz
Freistellungsbezogene Methoden
Outplacement
Austrittsinterviews

Die vorgenannten Fördermethoden werden je nach Zielgruppen (Führungskräfte, kaufmännische bzw. gewerbliche Mitarbeiter) unterschiedlich häufig eingesetzt.

3.9 Förderung von Kreativität und Innovationsbereitschaft

Ausgehend von der *Maxime einer Potenzial- und Ent-Wicklungsorientierung* kommt nach meinem Verständnis von Personal-Ent-Wicklung der Förderung von Kreativität und Innovationsbereitschaft der Mitarbeiter eine besonders wichtige Funktion zu. Von der Ursprungsbedeutung des Wortes *Kreativität* (= das Schöpferische) lässt sich leicht ein aktueller Bezug zu dem betriebswirtschaftlich für Unternehmen so bedeutenden Begriff der *Wert-Schöpfung* herstellen.

Wertsteigerung entsteht im Unternehmen
(auch) aus der Nutzung der kreativen (= schöpferischen) Fähigkeiten der Mitarbeiter!

Der immaterielle, wertsteigernde Faktor „Kreativität", der auch in engem Zusammenhang zu dem Innovationspotenzial eines Unternehmens zu sehen ist, steckt in den Köpfen der Mitarbeiter. Ein *Beispiel* möge verdeutlichen, dass dies von immenser betriebswirtschaftlicher Relevanz ist:

Man stelle sich ein kleines, aber erfolgreiches Softwareunternehmen vor, bei dem lediglich die wenigen Einrichtungsgegenstände, wie Büroausstattung und technische Anlagen, bilanziert werden. Der „klassische" Bilanzwert dieses Unternehmens wird relativ gering sein. Der hohe Markterfolg bzw. der Marktwert dieses Unternehmens ist aber nicht auf diese materiellen Vermögensgegenstände, sondern auf das Innovationspotenzial der Mitarbeiter, das in ihren Köpfen steckt, zurückzuführen.[43]

Es leuchtet ein, dass insbesondere die Zukunftsfähigkeit bzw. die Existenzsicherung in hohem Maße von dem Potenzial bzw. dem Wissen der Mitarbeiter abhängt. Von daher ist jedes Unternehmen gut beraten, Wege zur Steigerung und Nutzung des Kreativitätspotenzials der Mitarbeiter zu finden. Denn kreative Mitarbeiter

- lösen Probleme besser,
- sind findiger bei der Suche nach Lösungen bei innerbetrieblichen Konflikten,
- finden generell bessere Lösungen zur Optimierung der Erreichung von Unternehmenszielen.

Gerade in Zeiten der Globalisierung und sinkender Margen sind Kostensparmaßnahmen durch Entlassungen und Überbetonung des Shareholder Values die gefährlichste Antwort auf die Herausforderungen des Marktes. Die Alternative dazu ist, das Wissen der Mitarbeiter zu entdecken, festzumachen, zu pflegen, weiter zu entwickeln und flexibel einzusetzen. Es geht um nicht weniger als um die *Förderung und Etablierung einer kreativen Unternehmenskultur*, die offen ist für Ideen aller Mitarbeiter. In

43 Die Anregung zu diesem Vergleich verdanke ich dem betriebswirtschaftlichen Grundlagenwerk von WÖHE, G.: Einführung in die Allgemeine Betriebswirtschaftslehre. München 2000.

einer solchen Kultur wird weniger Wert auf Papier und Stellenbeschreibungen gelegt als auf die Schaffung der Möglichkeit für die Mitarbeiter zur engagierten, kreativen Gestaltung ihrer Rolle im Rahmen von Zielvereinbarungen. In einer solchen offenen, kreativen Unternehmenskultur ist der Mitarbeiter im Lager oder Versand genau so wichtig wie der Vertriebsmann, weil sein Verhalten von entscheidender Bedeutung für die Kundenzufriedenheit sein kann. In einer solchen Unternehmenskultur sind *Netzwerke* und *Dezentralisation* wichtiger als starr definierte Abteilungs- und Zuständigkeitsgrenzen.

Einige *„Killerphrasen"* aus der betrieblichen Praxis sollen verdeutlichen, welche *Tabus* gegenüber einer solchen kreativen Offenheit nicht selten in Unternehmen anzutreffen sind:

- Der Arbeiter soll arbeiten, der Vorgesetzte denkt.
- Das machen wir seit Jahren so.
- Durch Verbesserungsvorschläge verliert der Kollege seinen Arbeitsplatz.
- Wir werden nicht fürs Denken bezahlt.
- Wenn man etwas vorschlägt, heißt es: Du bist hier zum Arbeiten, nicht zum Denken.

Materielle, messbare Erfolge haben in der betrieblichen Praxis noch allemal Vorrang vor neuen Ideen oder Lösungen. Vielen Unternehmen ist nicht klar, dass sie mit ihren Mitarbeitern im Grunde über ein immenses Denklabor verfügen.

Jedes Unternehmen hat eine Fülle von Aufgaben und Problemen zu bewältigen. Dabei unterscheidet man *Routine- oder wohlstrukturierte Probleme* und *schlechtstrukturierte oder Innovationsprobleme.*[44] Das Lösen schlecht strukturierter Innovationsprobleme erfordert neben Intelligenz eine zusätzliche Fähigkeit: Kreativität. In unserer Gesellschaft werden soziale Anpassung und Wissensanhäufung i.d.R. eher betont (und belohnt!) als kreatives Denken und Verhalten. Vor diesem Hintergrund geht es im Unternehmen vorrangig darum, kreativitätsfördernde Rahmenbedingungen zu schaffen, unter denen die Mitarbeiter ihr kreatives Potenzial entfalten können. Dies bedeutet z.B. in der Mitarbeiterführung die Umsetzung von Führungsprinzipien, wie Delegation, Gewährung weitgehender Autonomie, Mitarbeiterorientierung, Weitergabe von relevanten Informationen, Beteiligung der Mitarbeiter in Zielfindungs- und Entscheidungsprozessen, Belohnung sozialer Fähigkeiten, wie Kooperationsbereitschaft und Team-

44 Vgl. SCHLICKSUPP, H.: Innovation, Kreativität & Ideenfindung. Würzburg 1980.

orientierung sowie Aufgeschlossenheit des Managements für Vorschläge aus allen Ebenen der Unternehmenshierarchie; kurz gesagt: Es geht um die Schaffung eines Unternehmensklimas, welches innovatives Verhalten wertschätzt und fördert.

Beispiele für kreativitätsfördernde Maßnahmen[45]

1. Matrix-Organisation 2. Projekt-Management 3. Minimierung bürokratischer Abläufe 4. Job-Rotation 5. Weitergabe grundlegender Informationen an Mitarbeiter (Ausweitung des Blicks auf das Unternehmensganze) 6. Angebot an Fort- und Weiterbildungsmöglichkeiten 7. Freier Zugang zu relevanten Informationen; offene Kommunikation 8. Ermutigung zu unkonventionellem Denken; Offenheit gegenüber Neuerungen	9. Kreativitätstraining 10. Kooperatives, vorurteilsfreies Zusammenwirken 11. Autonomie in der Sachbearbeitung 12. Delegation von Verantwortung 13. Mitarbeiterorientierte Führung 14. Beförderungsrichtlinien, die sich z.B. auch an sozialen Fähigkeiten und Einstellungen orientieren 15. Verhaltenstraining 16. Durchlässigkeit der Organisation für neue Ideen

Wenn ich *Seminare zum Thema Kreativität* in Unternehmen durchführe, geht es z.B. um folgende Themen:

- Kennenlernen & Üben verschiedener Kreativitätstechniken zur:
  - Produktion einer Vielzahl von (ungewöhnlichen) Ideen
  - Entwicklung von Konzepten
  - Variation bestehender Anwendungen oder Problemlösungen.
- Kennenlernen, Üben und Anwenden der MindMapping-Methode[46] anhand konkreter Themen aus der Praxis der Teilnehmerinnen und Teilnehmer:
  - Unternehmensbezogen (Projcktmanagement; Moderation)
  - Personbezogen (z.B. Zeitmanagement, Selbstmanagement; Balance Beruf/Freizeit)

45 Aus: SCHLICKSUPP, H., a.a.O., S. 28.
46 Vgl. z.B. BAYER, M.: BrainLand – Mindmapping in Aktion. Paderborn 1993.

- Von der Kreation zur Innovation: Vorgehen zur erfolgreichen Umsetzung von Innovationen.

Durch Maßnahmen zur Förderung der individuellen kreativen Leistung oder zur Erhöhung der kreativen Leistung von Gruppen lassen sich nach SCHLICKSUPP insbesondere folgende Ergebnisse erreichen:

- Erweiterung des Problemlösungspotenzials,
- Erhöhung der unmittelbaren Problemlösungsfähigkeit,
- effizienteres Problemlösen hinsichtlich Qualität und Zeit,
- eine Verbesserung der Problemsensitivität, des Interesses, des Engagements und der Identifikation mit dem Unternehmen,
- durch offene Kommunikationsstrukturen und bereichsübergreifende Information eine bessere Koordination und Akzeptanz von Entscheidungen,
- Abbau von Rivalitäten und Abteilungsegoismen,
- ein positives Arbeitsklima,
- eine Reduktion von Desinteresse und Absentismus,
- effizientere, synergetische Problemlösungen,
- eine Koordination der vorhandenen Energien, z.B. bei der Durchsetzung von Lösungen.

3.10 Einzelcoaching für Fach- und Führungskräfte

In Zeiten des wirtschaftlichen Umbruchs und gehäufter Veränderungsprozesse in Unternehmen wächst die Motivation von Mitarbeitern in verantwortlicher Position, persönliches Coaching in Anspruch zu nehmen. Anlässe hierzu können z.B. sein:

- Wechsel des Arbeitsgebietes,
- Störungen des Arbeitsklimas,
- Aufbauphasen im Unternehmen,
- Änderungen in der Unternehmensstruktur und -organisation,
- Unterstützung in der Karriereentwicklung,
- Nachfolgeregelungen in Familienunternehmen,

Jede Veränderung, jeder Wandel erfordert neue Konzepte und Werthaltungen. Jeder Einzelne ist gefordert, gemäß diesen „Denkkonzepten“ neu zu handeln. Nur: Wie stellt z.B. eine Führungskraft sicher, dass ihre Mitarbeiter tatsächlich auch in diesem neuen Sinne handeln? Menschen handeln nicht „einfach so“ anders als bisher. Einstellungen und Werthaltungen des Einzelnen, wie die persönliche Risikobereitschaft, die Angst vor dem unbekannten Neuen, vor Verlust von Status, Einkommen oder Arbeitsplatzsicherheit, motivieren den Widerstand gegen Veränderungen im Unternehmen. Nur ein Mensch, der sich emotional sicher fühlt, kann und will seine Kraft gestaltend im Sinne des Ganzen einsetzen. Sobald sich dieser Mensch „bedroht" fühlt, verbunden mit der Selbsteinschätzung, diese Bedrohung nicht zu meistern, entsteht Angst. Andere Menschen, welche diese Bedrohung verkörpern, werden Gegner, die es aktiv oder passiv zu bekämpfen gilt.

Jeder, der einmal als Betroffener oder Akteur Teil eines Organisationsentwicklungsprozesses war, kennt dieses Phänomen. Ein möglicher und in der Praxis bewährter Ansatzpunkt zur Aufarbeitung eines solchen Widerstandes gegen Veränderungen ist das *Einzelcoaching*, insbesondere für Führungskräfte, im Sinne eines personenzentrierten, entwicklungsorientierten Führens.

‚To coach' kann man auf Deutsch mit ‚einpauken', ‚trainieren' übersetzen. Diese Bedeutung weist auf die Verwendung des Begriffs ‚Coach' im Sportbereich hin (‚der Tenniscoach'). Für den Unternehmensbereich ist diese Definition nur begrenzt tauglich.

➡ **Welche Aufgabe bzw. Funktion hat ein Coach im Bereich der Wirtschaft und des Managements?**

Hierzu zunächst einige

Begriffsdefinitionen bekannter Coaches[47]:

Rückle (1992): Ein Coach ist Trainer, Berater, Betreuer in einer Person – und i.d.S. Auslöser und Begleiter gewollter Entwicklung.

Loos (1993): Ein Coach ist Einzelberater für die personenzentrierte Arbeit mit Führungskräften in Bezug auf die Frage, wie die Managerrolle von der Person bewältigt wird.

Wahren (1997): Coaching ist die individuelle Beratung von einzelnen Personen oder Gruppen in auf die Arbeitswelt bezogenen sachlich-fachlichen und/oder psychologisch-soziodynamischen Fragen bzw. Problemen.

Schreyögg (1995): Coaching ist Beratung gegen berufliches Leid, idealerweise zielend auf eine maximale Selbstgestaltung im Beruf.

47 Zitiert nach Dr. Hermann Bayer: Vortrag, gehalten am 28.4.1999 auf der Frühjahrstagung 1999 des Verbands für interne Kommunikation ViKOM in Salzburg.

Für meine Beratungspraxis habe ich Einzelcoaching wie folgt definiert:

Definition von Einzelcoaching nach COMES:

Einzelcoaching richtet sich inhaltlich nach den *Bedürfnissen und Zielen des Coachingkunden* bzw. des Auftraggebers.

Alle Fragen und Themen werden im *Zweiergespräch* behandelt, wobei für den langjährig führungs- und psychotherapeutisch erfahrenen Coach als Diplom-Psychologe eine gesetzliche Schweigepflicht (§ 203 StGB) gilt.

Mögliche *Themen* eines Einzelcoaching können z.B. die Optimierung des eigenen Kommunikationsverhaltens, die Verbesserung der sozialen und Führungs-Kompetenz, die Unterstützung bei aktuellen Konflikten, die Entdeckung eigener Kreativitätspotenziale oder der Abbau von Leistungs- bzw. Motivationsblockaden sein.

Coaching fördert die Persönlichkeitsentwicklung des Coachingkunden und hilft, eine bessere Balance zwischen den Bedürfnissen der Person und den Erfordernissen des Unternehmens zu finden.

Vorgehen und Inhalte meines Coaching-Konzeptes beruhen auf den folgenden Essentials:

Ziele des Einzelcoachings:

- Verantwortung übernehmen für eigenes Handeln
- Entwicklung und Förderung von Selbst-Motivation
- Entwicklung und Förderung von Selbst-Bewusstsein bezüglich der eigenen Sinneswahrnehmungen, Gefühle und Wünsche/Erwartungen
- Förderung des vernetzten Denkens bzw. des Denkens in Systemen[48]

Methodik:

- Klare Zielorientierung mit
- Analyse der IST-Situation
- Prüfung der HANDLUNGSMÖGLICHKEITEN
- Festlegung der ZIELE (unter Beachtung der LAMPE-Zielkriterien: **L**ockend, **a**kzeptiert, **m**essbar, **p**ositiv formuliert, **e**rreichbar)
- Festlegung, WER WAS WANN tut
- Kontrolle der UMSETZUNG der Ziele, Evaluation und ggf. Neudefinition

48 Vgl. z.B. das o.a. Beispiel zu den von VESTER genannten Strategiefehlern beim Handeln in Systemen!

Akzeptierendes und einfühlendes Vorgehen im Rahmen eines *klar definierten Coaching-Kontraktes* mit den Merkmalen:

- Eine schützende Gesprächsatmosphäre bieten (Neutralität und Unabhängigkeit des Coach!).
- Fragen statt sagen! (Dabei ruhig auch einmal provokativ sein!)
- Dem Coachee Freiraum geben, neue, ggf. auch risikoreiche Gedanken oder Gefühle auszudrücken.
- Kontrolle und Beachtung der äußeren und inhaltlichen Rahmenbedingungen des Coaching durch den Coach (z.B. Einhaltung von Absprachen, Formulierung von Wünschen statt Beschimpfungen oder Beschuldigungen).

Mögliche Themen/Inhalte der Coachinggespräche:

☐ *Unternehmensbezogene Themen*, z.B.:
  - Erarbeitung einer Vision/Entwicklung strategischer Ziele
  - Planung und Gestaltung von Veränderungsprozessen im Unternehmen
  - Betriebswirtschaftliche Fragen (keine Rechts- oder Steuerberatung)

☐ *Personenbezogene Themen*, z.B.:
  - Optimierung des Führungsverhaltens
  - Verbesserung des Kommunikationsverhaltens
  - Erweiterung des Verhaltensspektrums
  - Förderung von Selbsterkenntnis und Kreativität
  - Persönliche Themen, z.B. Verbesserung der Balance zwischen Beruf und Familie/Freizeit.

RAUEN[49] hat in seiner umfassenden Überblicksarbeit zum Thema Coaching u.a. die wichtigsten **Qualifikationsanforderungen an einen Coach** definiert:

Fachliche Kompetenzen:

- *Psychosoziale Kompetenzen*
  - Kenntnisse der Organisationspsychologie und der Klinischen Psychologie über Menschen und Gruppen
  - Erfahrungen im Umgang mit psychotherapeutischen Interventionen
  - Erfahrungen mit der Anwendung psychologischer Interventionsverfahren und Methoden

---

49 Vgl. RAUEN, C.: Coaching. Göttingen 1999.

- *(Betriebs-)Wirtschaftliche Kompetenzen*
  - Kenntnisse betriebswirtschaftlicher Abläufe und Gegebenheiten, insbesondere Fachverständnis für Managementprozesse
  - Erfahrungen mit betriebswirtschaftlichen Instrumenten
  - Kenntnis gängiger Führungskonzepte
  - Kenntnis des betrieblichen Umfeldes und seiner Funktionsträger

Persönliche Kompetenzen:

- Selbst- und Lebenserfahrung
- Fähigkeit zur realistischen Selbsteinschätzung (Wahrnehmung der eigenen Stärken und Schwächen)
- eigene Führungserfahrung und Kenntnis des betrieblichen Umfeldes
- Mehrjährige, umfassende Beratungserfahrung
- Regelmäßig Reflexion der eigenen Arbeit in Supervisionssitzungen
- Permanente Weiterbildung
- Fähigkeit, zuhören zu können
- Aufmerksamkeit
- Interesse an den Anliegen des Klienten
- Konfrontationsbereitschaft
- (auch moralische) Neutralität, Vorurteilsfreiheit, Unabhängigkeit und Offenheit
- Zivilcourage
- Autorität
- Standfestigkeit im Vorgehen, Frustrationstoleranz
- Flexibilität im Inhalt
- Empathie, emotionales Einfühlungsvermögen
- Glaubwürdigkeit, persönliche Integrität, Kongruenz
- Kritische Loyalität gegenüber dem Klienten
- Diskretion, absolute Verschwiegenheit bezüglich der Inhalte des Coaching

Formale Qualifikationen:

Hierzu führt RAUEN aus, dass sich derzeit jeder „Coach" nennen kann und dass allgemein akzeptierbare formale Qualifikationsstandards fehlen.

Gibt es *Kriterien*, nach denen ein Unternehmer oder Personalentwickler *„gute Coaches"* auswählen könnte?

Ausbildung:

Einen festgelegten Ausbildungsweg zum Coach gibt es nicht. RAUEN formuliert eine Möglichkeit auf der Grundlage eines Psychologie-Studiums, die jedoch nicht der einzig denkbare Weg sei.

Ein möglicher Ausbildungsweg zum hauptberuflichen Coach[50]:

- Psychologie-Studium mit Schwerpunkten in den Bereichen Arbeits- und Organisationspsychologie, Klinische Psychologie, Sozialpsychologie und Diagnostik
- Psychotherapeutische Zusatzausbildung (z.B. in Gesprächspsychotherapie)
- (Betriebs-)Wirtschaftsstudium (z.B. als Nebenfach)
- Selbst- und Lebenserfahrung (z.B. im Sinne einer selbstkritischen und differenzierenden Einstellung)
- Mehrjährige berufliche Erfahrung in bzw. mit Organisationen
- Erfolgreiche Führungserfahrung in verantwortlicher Position
- Mehrjährige berufliche Erfahrung als Berater (z.B. in einer Unternehmensberatung)

Resümee:

Professionelles *Coaching* ist *kein „Patentrezept"*. Kompetent angewandt, kann Coaching in einer zunehmend komplexer werdenden Wirtschaftsgesellschaft eine wertvolle Hilfe sein, um *die Belange des einzelnen Mitarbeiters und wirtschaftliche Ziele des Unternehmens auszubalancieren.*

Exkurs: Alkohol und hohe Verantwortung

So genannte „Promis" in Medien und im Sport bzw. *Entscheidungsträger in Wirtschaft, Verwaltung und Politik* stehen aufgrund ihrer öffentlichen Exponiertheit, ihrer hohen Eigenerwartungen und der vielfältigen gesellschaftlichen Ansprüche, z.B. an die Umsetzung der Unternehmensziele bzw. des Wählerwillens, unter einem permanenten Leistungsdruck.

So sind Manager in ihrer beruflichen Tätigkeit häufig mit Trinkanlässen konfrontiert, z.B. bei Besuchen bei Kunden oder Lieferanten, auf Messen, Ausstellungen oder Tagungen, bei Betriebsfeiern. Wie etwa so mancher Verkaufsleiter weiß, sind Abschlüsse, insbesondere bei Exportgeschäften in bestimmten Ländern, eng mit dem Konsum großer Mengen von Alkohol verknüpft.

---

50 Aus: RAUEN, C., a.a.O., S. 154

Ein *Beispiel* aus meiner Beratungspraxis möge dies illustrieren:

Der Coachingkunde, ein Bereichsleiter eines international tätigen Unternehmens, suchte mich aufgrund des Entzuges seiner Fahrerlaubnis nach einer Trunkenheitsfahrt auf. Der *Trinkanlass* stellte sich wie folgt dar:

Mittags habe der Vorstand angerufen. Er solle an einem Essen mit einer chinesischen Delegation teilnehmen. Er habe abgesagt, sei nochmals gebeten worden, weil es um einen großen Auftrag gegangen sei. (Ein Sozialplan sei vorgesehen gewesen). „Wir haben im Restaurant gewartet." Er habe ein Jahr in China gelebt, sei mit den Sitten vertraut. Es seien zwölf Chinesen mit Dolmetscher gekommen. „Wir haben sehr viel Alkohol getrunken, Rotwein, Grappa."

Kompliziert wird eine Alkohol- oder Suchtproblematik von Entscheidungsträgern häufig dadurch, dass in der Regel alle Personen im näheren Umfeld sich *co-alkoholisch* verhalten: Die loyale Sekretärin schirmt den Chef, der z.B. anlässlich des Besuches einer Veranstaltung reichlich Alkohol konsumiert hat, ab. Anrufern wird dann mitgeteilt, dass ihr Vorgesetzter gerade in einer Besprechung sei oder außer Haus. Enge Mitarbeiter verschleiern die kleine Schwäche ihres ansonsten so netten Chefs. So mancher verspricht sich Vorteile davon, dass er über die Schwächen seines Vorgesetzten Bescheid weiß. Abgesehen davon ist man schließlich solidarisch und würde einen Kollegen oder Vorgesetzten nicht denunzieren bzw. „anschwärzen" …

Diese Verhaltensweisen führen in der betrieblichen Praxis dazu, dass der Alkoholmissbrauch eines Mitarbeiters mit hoher Verantwortung erst sehr spät durch die Unternehmensleitung entdeckt wird.

Der *hohe Leistungsdruck*, unter dem der genannte Personenkreis steht, stellt eine erhebliche *psychische Belastung* dar. Er resultiert nicht nur aus der Position und dem hohen Eigenanspruch hinsichtlich Leistung und Erfolg; es besteht häufig auch ein Unvermögen, eine Balance zwischen beruflichen und privaten Erfordernissen zu wahren, so dass der notwendige entspannende Ausgleich für die hohe berufliche Daueranspannung zu kurz kommt. Hinzu kommen erhöhte körperliche Belastungen, z.B. durch Reisen, den *jet lag*, extrem lange Arbeitstage mit 12 Stunden und mehr, schwierige Verhandlungen usw. Es verwundert nicht, dass bei einer so immensen Stressbelastung der Konsum von *Alkohol als Mittel zur Entspannung* nahe liegt: *Der Tag geht, Johnny Walker kommt …*

Diese vermeintlich so patente Lösung und Entlastung ist allerdings auf Dauer mit erheblichen *Nachteilen* verbunden, so u.a. mit:

- einer verminderte Konzentrationsfähigkeit
- einer verschlechterten Leistung
- einem abnehmenden Kritikvermögen
- einer ungünstigen Veränderung der Gesamtpersönlichkeit
- einem sinkenden Verantwortungsbewusstsein
- körperlichen Folgeschäden des Alkoholüberkonsums.

Es ist ein Irrtum zu glauben, dass Alkohol dem Leistungsvermögen förderlich sei. Einschlägige Untersuchungen zeigen, dass *Alkoholmissbrauch* eher eine *Stagnation der beruflichen Karriere* oder sogar einen *beruflichen Abstieg* begünstigt.

Gerade für Führungskräfte und Entscheidungsträger mit großer Verantwortung, für die in besonderem Maße die Erkenntnis gilt, dass die „Luft nach oben zu immer dünner" wird, kann ein individuelles professionelles Coaching besonders hilfreich sein. Viele führende Unternehmen haben dies erkannt und verpflichten ihre Top-Manager zu regelmäßigen Gesprächen mit einem externen Coach.

Dabei könnte eine solche professionelle Unterstützung auch *bereits präventiv* genutzt werden. Angesichts des – auch durch falschen Umgang mit Suchtmitteln bedingten – beruflichen Abstiegs eines Top-Sportlers wie Jan Ulrich habe ich mich z.B. gefragt, warum man jemandem, der derart unter Leistungsdruck und im Licht der Öffentlichkeit steht, nicht seitens seines Sponsors bereits zu Beginn seiner Karriere einen psychologisch kompetenten Gesprächspartner (= Coach) zur Seite gestellt hat.

3.11 Die Balanced Score Card (BSC)[51] in der Personal-Ent-Wicklung

In den letzten Jahren hat die Balanced Score Card (BSC) in der Management- bzw. Unternehmensberatung großen Anklang gefunden. Es handelt sich hierbei um eine Methode, mit deren Hilfe eine Unternehmensstrategie auf relevante, messbare Erfolgsfaktoren in Form von Kennzahlen in den vier Perspektiv-Bereichen

51 Vgl. z.B. GEHRINGER, J. & MICHEL, W.: Frühwarnsystem Balanced Scorecard. Unternehmen zukunftsorientiert steuern. Mehr Leistung, mehr Motivation, mehr Gewinn. Düsseldorf/Berlin 2000.

- **Finanzen**
- **Kunden/Markt**
- **Prozesse/Aufbau-/Ablauforganisation** und
- **Mitarbeiter bzw. Human Resources**

ausgerichtet wird.

Die Methode beruht letztlich auf der Erkenntnis, dass Zielorientierung, Messbarkeit der Ziele und die Kommunizierbarkeit der Unternehmensstrategie, detailliert bezogen auf die einzelnen Unternehmensbereiche, wichtige Faktoren für den wirtschaftlichen Erfolg eines Unternehmens sind.

Ausgehend von dem betriebwirtschaftlichen bzw. Management-Konzept der Balanced Score Card habe ich eine *„Private Balanced Score Card" zum Einsatz im Coaching* entwickelt, die in der Personal-Ent-Wicklung eingesetzt werden kann. Sie beruht auf den folgenden *Perspektiven* (wobei diese im Einzelfall kein Muss sind, sondern z.B. auch Offenheit für weitere Themen besteht):

1. Mission/Vision/strategische Ziele des Klienten
2. Berufliche Perspektive (in persönlicher und fachlicher Hinsicht)
3. Die Perspektive „Körper & Gesundheit"
4. Die Perspektive „Kontakt & Kommunikation"
5. Die Finanzperspektive
6. Die ??-Perspektive (individuell definiert, z.B. Kreativität, Spiritualität ...)

Die Entwicklung einer *„Private Balanced Score Card"* beginnt nach der *Formulierung einer persönlichen Vision bzw. Mission und der strategischen Ziele* in den einzelnen Perspektivbereichen (z.B. im Bereich „Körper & Gesundheit": *Ich bin gesund und körperlich fit*). Es folgt eine *Analyse der Stärken und Schwächen bzw. der Chancen und Risiken* in den jeweiligen Perspektivbereichen. Anschließend werden konkrete *wohlgeformte Ziele* für die einzelnen Perspektiven definiert (z.B.: *Ich jogge mindestens drei mal pro Woche jeweils 20 Minuten lang). Checklisten* und ein *Vertrag mit sich selbst* (Prinzip der Schriftlichkeit!) dienen der *Selbstkontrolle* und gleichzeitig der *Unterstützung der Eigenmotivation* zur Erreichung der selbstdefinierten Ziele in den jeweiligen Perspektivbereichen.

Praxisbeispiel einer Private Balanced Scorecard im Einzelcoaching

Der Coachingklient, Herr H., Geschäftsführer eines mittelständischen Verlages für Printmedien, hatte bereits zwei Herzinfarkte hinter sich. Nach dem letzten Infarkt fasste er viele gute Vorsätze, die aber im Alltag nicht lange überlebten.

Herr H. erkannte, dass er gründlich umdenken musste und dass er hierzu professionelle Hilfe benötigte.

Zunächst wurde im Coachinggespräch geklärt, welche **langfristigen Ziele** Herr H. hatte. Es zeigte sich, dass Herr H. zwar gerne arbeitete, aber seine berufliche Tätigkeit als „viel zu stressig" erlebte. Allerdings nahm er dies in Kauf, weil die Familie das Geld benötigte.

Mit Herrn H. wurde herausgearbeitet, dass Geld lediglich Mittel zum Zweck ist. Sein eigentliches Lebensziel war, „einfach glücklich und zufrieden" zu sein, und zwar in allen Lebensbereichen: Bei der Arbeit, im Kontakt mit seinen Mitmenschen, in seiner Familie, das alles natürlich auf der Grundlage einer guten körperlichen und geistig-psychischen Verfassung.

Ziele und Maßnahmen

Ausgehend von der Vision „Glück und Zufriedenheit" wurden mit Herrn H. vier Bereiche (Perspektiven) ausgewählt, für die konkrete Maßnahmen definiert wurden:

1. „Erfolg bei der bzw. Freude an der Arbeit"
2. „Zufriedenheit in der Familie"
3. „ein gesunder Körper"
4. „lebendige soziale Kontakte"

Zu 1: **Erfolg bei der bzw. Freude an der Arbeit**

Herr H. arbeitete gerne und ohne auf die Uhr zu schauen („Selbst ist der Mann"). Er hielt sich im Grunde für unersetzlich. Hier setzten die folgenden Maßnahmen an:

- Delegation von Arbeit und Verantwortung. Herr H. wurde ermutigt, seine Mitarbeiter aktiver mit einzubeziehen, ihnen Verantwortung zu übertragen, ggf. durch *Fortbildung* ihren Horizont und ihre Einsatzmöglichkeiten zu erweitern.
- Durch regelmäßige *Teamsitzungen* werden Probleme und organisatorische Regelungen besprochen und umsetzbare Lösungsmöglichkeiten entwickelt.
- Herr H. schloss einen Vertrag mit sich selbst, dass er an zwei Tagen in der Woche spätestens um 18.00 Uhr zuhause sein wird.
- Zwei Wochenenden pro Monat wurden ausschließlich für das Zusammensein und Aktivitäten mit der Familie festgelegt.

Zu 2: **Zufriedenheit in der Familie**

- Herr H. setzte sich zum Ziel, sich täglich – entweder persönlich oder, wie z.B. während beruflicher Reisen, fernmündlich – mit seiner Frau auszutauschen, um Probleme zu besprechen, sie zu unterstützen. Weitere Ziele:
- Einmal in der Woche gemeinsam mit seiner Frau und seinen Kindern essen gehen, auch wenn es nur eine Pizza beim Italiener ist.
- Zweimal im Monat gemeinsame Freizeitgestaltung mit der Familie (Kino, Rad fahren etc.), um etwas gemeinsam zu erleben.
- Einmal im Monat etwas alleine mit seiner Frau unternehmen (z.B. tanzen gehen oder in ein Konzert).

Selbstverständlich wurden alle diese Ziele und Maßnahmen im Familienkreis besprochen und gemeinsam festgelegt.

Zu 3: **Körperliche Gesundheit**

Hier setzte sich Herr H. – nach Rücksprache mit seinem Hausarzt – die folgenden Ziele:

- Einmal pro Woche Besuch eines Fitness-Studios
- Zweimal pro Woche fünf Kilometer joggen.

Zu 4: **Lebendige soziale Kontakte**

Herr H. hat für sich erkannt, dass befriedigende soziale Kontakte (persönliche Freunde, eine aktive Mitwirkung in seiner kirchlichen Gemeinde) ihm Anerkennung, Beachtung und auch Selbstbestätigung vermitteln. So beschloss er die folgenden Maßnahmen:

- Zwei Treffen im Monat mit privaten Freunden, um bestehende Kontakte zu pflegen und neue aufzubauen
- Zweimal im Monat Treffen mit Mitgliedern seiner Kirchengemeinde, um aktuelle soziale Probleme in seinem Stadtteil zu besprechen und gemeinsam Verbesserungsmöglichkeiten zu entwickeln.

Die Umsetzung der Ziele und Maßnahmen wurde über *Soll-/Istvergleiche* gemessen.

Bereich / Perspektive **Maßnahme (pro Woche/Monat)**	**Soll**	**Ist**
Arbeit		
• Teamsitzungen	**4**	3
• Fortbildung von Mitarbeitern	**6**	2
• Feierabend um 18.00 Uhr	**2**	1
• Wochenende ohne Arbeit	**2**	1
Familie		
• Gespräche mit Ehefrau	**5**	1
• Familienessen extern	**4**	5
• Freizeitgestaltung mit Familie	**2**	1
• Unternehmung mit Ehefrau	**1**	1
Gesundheit		
• Fitness-Studio	**4**	3
• Jogging	**2**	2
Sozialer Kontakt		
• Freunde treffen	**2**	0
Kirchengemeinde	**2**	1

Die **Private Balanced Scorecard** kann auch visualisiert werden (siehe Abbildung nächste Seite):

Private Balanced Scorecard Herr H.

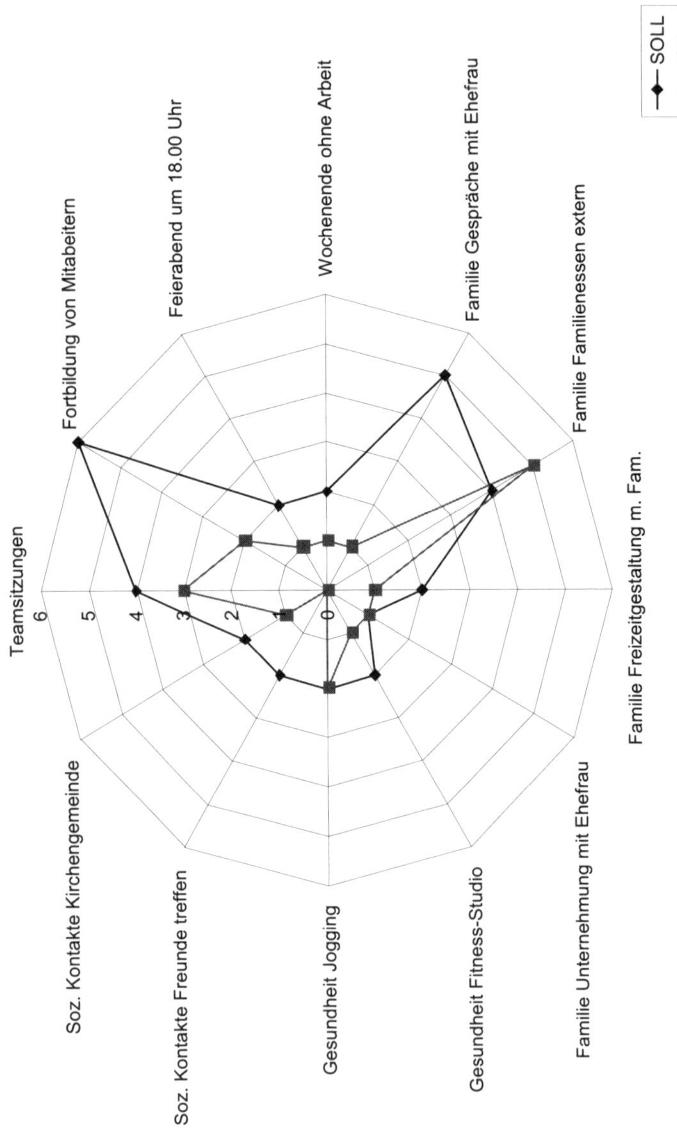

In der Praxis findet eine solche kennzahlenbasierte und zielorientierte Selbstkontroll- und Selbstmotivationsmethode gerade bei Managern und Führungskräften, für die der Umgang mit Zahlen und Ist-/Soll-Vergleichen Alltag ist, großen Anklang.

3.12 Umfassende Personal-Ent-Wicklung im Unternehmen: Die Praxis der Organisations-Ent-Wicklung

Nicht wenige Fachautoren zählen Organisationsentwicklung zur Personalentwicklung im weitesten Sinne.[52]

Bereits zu Beginn des 20. Jahrhunderts befasste sich die *Angewandte Psychologie* mit der *Bedeutung des Faktors Mensch in der Wirtschaft*. Untersuchungen in der Industrie zeigten, dass funktionale Ziele eines Unternehmens eng mit der erfolgreichen Realisierung motivationaler Ziele der Mitarbeiter verknüpft sind. Hierzu sei beispielhaft der Psychologe Willy HELLPACH zitiert (um 1920)[53]:

> *„Rohstoffe, Darlehen, Aufträge: sehr schön und gewiss unerlässlich. Aber das Wesentliche unseres Wiederaufbaues kann nicht von der Gnade des Auslandes kommen. Qualität und Spezialität, Organisation und Normung, Psychotechnik: alles gut; aber das Wesentliche ist es ebenso wenig. Das Wesentliche ist, die neue Beziehung und Ordnung im Verhältnis der Menschen zu ihrer Arbeit zu erkennen und zu gestalten. Mit anderen Worten: Das Wesentliche sind heute nicht Verfahren, nicht Systeme, sondern der Mensch und sein Mitmensch in ihrem Werkverhältnis. Kein ökonomisches, kein technisches, kein organisatorisches Problem bildet die Kernfrage des Wiederaufbaues, sondern ein sozialpsychologisches. Und von TAYLOR, so Entscheidendes seines Systems wir verwerfen müssen, können wir doch das eine lernen, dass man im öffentlichen Leben auch die seelischen Kräfte nicht bloß hilflos betrachten oder schlau benützen, sondern auch erforschen und gestalten kann."*

Wie man die Menschen und die organisatorischen Rahmenbedingungen in den Betrieben mit dem *Ziel einer Optimierung* ändert, ist die große Frage der

52 Vgl. z.B. BECKER, M., a.a.O., S. 411 ff.

53 Aus: DORSCH, F.: Geschichte und Probleme der Angewandten Psychologie. Stuttgart 1963.

Organisations-Ent-Wicklung.

Am treffendsten finde ich die (klassische) *Definition* der Gesellschaft für Organisationsentwicklung (GOE)[54]:

> *Organisationsentwicklung* ist ein längerfristig angelegter, organisationsumfassender Entwicklungs- und Veränderungsprozess von Organisationen und der in ihr tätigen Menschen. Der Prozess beruht auf Lernen aller Betroffenen durch direkte Mitwirkung und praktische Erfahrungen.

Organisationsentwicklung beruht auf bestimmten *Grundannahmen*, quasi einer „Philosophie" der Organisationsentwicklung:

Grundannahmen der Organisationsentwicklung[55]

- Individuen verfügen über die *Fähigkeit, sich weiterzuentwickeln*; dieses Potenzial wird aber nur unzureichend genutzt.
- Individuen streben danach, *zu wachsen*, sich zu entwickeln und ihre Fähigkeiten zu nutzen.
- *Ziele* der Individuen und der Organisation sind *kompatibel*.
- *Offene Äußerung von Gefühlen* und Empfindungen sind gut.
- *Zusammenarbeit* ist *besser als Wettbewerb* in Organisationen.
- Organisationen sind *offene Systeme* mit interdependenten Subsystemen.
- Ausschlaggebend für den Erfolg des Wandels ist das *Organisationsklima*.

Um dem Leser eine *praxisnahe Vorstellung von einem Organisations-Ent-Wicklungsprojekt* zu vermitteln, zitiere ich nachfolgend auszugsweise und anonymisiert den *Abschlussbericht sowie die Ergebniszusammenfassung zu einem Organisations-Ent-Wicklungsprojekt* in einem mittelständischen Dienstleistungsunternehmen – einem Hotel – aus meiner Beratungspraxis. Ich gehe davon aus, dass der Leser mit einer solchen praxisbezogenen Information mehr anfangen kann als mit weiteren rein theoretischen Erörterungen.

---

54 Zitiert nach BECKER, M., a.a.O., S. 413.

55 Vgl. BECKER, M., a.a.O., S. 420.

Auftragsgegenstand

Auf der Grundlage einer Analyse der inneren Organisation und der Arbeitsabläufe sowie durch anonyme Befragung der Mitarbeiterinnen und Mitarbeiter sollten die Voraussetzungen für eine *stressfreie*, *harmonische* und *qualitätsbewusste Zusammenarbeit* ermittelt und konkrete Handlungsempfehlungen formuliert werden.

Mögliche Schwachstellen sollten durch *organisatorische Maßnahmen* korrigiert werden.

Allgemeines Ziel des Organisationsentwicklungsprojektes war eine *Verbesserung*

- des Leistungsangebotes,
- der Organisation,
- der Information und Kommunikation,
- der Arbeitsgestaltung,
- der Arbeitsinhalte,

zwecks Umsatzausweitung zur Stabilisierung und zukunftsorientierten Existenzsicherung des Unternehmens.

Vorgehensweise

In einer Mitarbeiterbesprechung, an der fast alle der später befragten Personen teilnahmen, wurden seitens des Geschäftsführers, des Autors und einer Mitarbeiterin, die Ziele, der Sinn und der Nutzen des Organisationsentwicklungsprojektes „XXX 2000“ vorgestellt und diskutiert.

Ausgangspunkt des Projektes war die Durchführung einer *Mitarbeiterbefragung* zu folgenden Bereichen:

- Tätigkeit/Arbeitsorganisation
- Arbeitsbedingungen
- Entgelt und Sozialleistungen
- Kommunikation/Information
- Zusammenarbeit
- Möglichkeit zum Einbringen eigener Interessen und eigener Leistungsbereitschaft
- Entwicklungsmöglichkeiten (Fortbildung, Aufstiegsmöglichkeiten)
- Kundenorientierung
- Unternehmensimage/Arbeitsplatzsicherheit
- Statistik

Der *organisatorische Ablauf* des Projektes „XXX 2000“ stellte sich wie folgt dar:

- *Bestandsaufnahme* der bestehenden organisatorischen Regelungen (Organigramm/Befragung der Geschäftsleitung)
- *Mitarbeiterbefragung*. Methode:
  - Einzelinterviews
  - strikte Anonymität der Antworten jeder Einzelperson
  - rein statistische Auswertung (es werden nur die *zusammengefassten* Antworten der Mitarbeiter ausgewertet)
- Herausarbeiten und *Umsetzung von Verbesserungsmöglichkeiten*
- *Teamentwicklungsworkshops* zur Optimierung der Zusammenarbeit und des Qualitätsbewusstseins sowie ggf. weitere qualitätsfördernde Maßnahmen.

Hier **die wichtigsten Ergebnisse** des Projektes im Einzelnen:

- *Aufarbeitung der Ergebnisse von Interviews* mit allen Beteiligten und *Festlegung der notwendigen organisatorischen und personellen Veränderungen* in Workshops.
- Erhebliche *Steigerung von Motivation und Arbeitszufriedenheit* der Mitarbeiterinnen und Mitarbeiter (Zitat des Geschäftsführers: *„Ich sehe jetzt lachende Gesichter um mich. So habe ich mir das immer gewünscht!“*).
- Offenes *Ansprechen und Abklärung der Suchtproblematik* einer *Führungskraft* der 1. Ebene (Therapieangebot; Ausscheiden ohne juristische Folgekomplikationen) sowie *zweier Mitarbeiter mit Gruppenleitungsfunktion (So hatte z.B. ein hoch qualifizierter, hoch motivierter Mitarbeiter kurz vor Beginn des Projektes gekündigt, weil der das ständige „Mobbing“ durch einen suchtkranken Vorgesetzten nicht mehr verkraftete).*
- *Beendigung eines Falles von Veruntreuung* mit einem bisherigen Schadensumfang von DM 40.000 durch Coaching des Vorgesetzten des zuständigen Arbeitsbereiches und durch Einsatz gruppendynamischer Methoden.
- Vakante *Stellen* wurden mit *IPS*-Unterstützung intern bzw. extern *mit zuverlässigen, hoch motivierten, teamfähigen Mitarbeitern besetzt.*
- Begeisterte *Entwicklung und Umsetzung von Innovationen in einem befreiten, kreativitätsförderlichen Unternehmensklima.*
- Gemeinsame Planung *gezielter, bedarfsgerechter Personal-Ent-Wicklungsmaßnahmen* sowie eines Workshops zur Erarbeitung einer von allen getragenen und gelebten Unternehmensphilosophie.

Abschließend seien einige *Grundprinzipien empfohlen*, die bei der Durchführung eines Organisations-Ent-Wicklungsprojektes unbedingt zu beachten sind:

Allgemeine Empfehlungen zur Organisations-Ent-Wicklung

- Frühzeitige Information über das Vorhaben
- Aktive Be-Teil-igung der Mitarbeiter am Projekt
- Partizipation an den Veränderungsentscheidungen
- Beachtung des zyklischen Verlaufs:
  - ⇨ Auftauen (innerer oder äußerer Anstoß)
  - ⇨ Verändern
  - ⇨ Stabilisieren

4. Ansätze zur ganzheitlichen Personal- und Organisations-Ent-Wicklung

4.1. Effizienzsteigerung nach RESCHKE und MICHEL (5-M-System)

Fachleuten für Personal- und Organisationsentwicklung bzw. durchführenden oder beauftragenden Unternehmen von Entwicklungsmaßnahmen gerät vielleicht manches Mal *das wirtschaftliche Ziel des Ganzen* aus dem Blickfeld. Ein Ansatz, der den wirtschaftlichen Erfolg von Anfang an zur Maxime erfolgreicher Projekte im Unternehmen erhebt, ist das bereits erwähnte *5-M-Modell* nach RESCHKE und MICHEL zur *Effizienzsteigerung* (vgl. Kapitel 3.4: Die Projektstruktur von Personal-Ent-Wicklungsmaßnahmen). In diesem Modell werden sämtliche Maßnahmen im Unternehmen in den Produktionsfaktor-Bereichen

- **M1 Methoden**
- **M2 Maschinen**
- **M3 Materialien**
- **M4 Mittel**
- **M5 Menschen**

mit ihren *Ist-Kosten*, dem *Projekt-Nutzen* und den *Projekt-Kosten* bewertet. Es erfolgt dann eine Wirtschaftlichkeitsberechnung für jedes einzelne Teilprojekt in Form eines so genannten *ROI*-Quotienten (**R**eturn-**O**n-**I**nput). Nach mehr als 1.000 erfolgreichen Effizienzsteigerungs-Projekten in über 30 Jahren geht RESCHKE als Benchmark von einem ROI von 10:1 aus. Es werden nur Projekte durchgeführt, die sich selbst finanzieren. Der Moderator des Effizienzsteigerungsprojektes ist täglich kündbar.

Neben dieser konsequenten wirtschaftlichen Ergebnisorientierung ist die unabdingbare Einbeziehung aller handelnden Instanzen im Unternehmen, einschließlich der Arbeitnehmervertretung, ein weiterer Erfolgsfaktor für diesen Ansatz.

Mit dem Reschke-5-M-System werden Effizienz-Steigerungen bis zu 70 % erzielt, z.B. durch erhebliche Durchlaufzeit-Verkürzungen sowie Qualitäts- und Produktivitäts-Steigerungen. Dabei wird der gewünschte Erfolg durch die Messbarkeit der definierten und gesetzten Ziele sowie der Umsetzungsergebnisse abgesichert.

Anhand persönlicher Profile der Effizienz-Steigerungs-Moderatoren der Reschke-Gruppe wählt die Unternehmensführung den passenden *„Resch-*

ke-Professional" aus, der dann das Unternehmen vom Projektstart bis zum Abschluss der Implementierung moderierend durch das Effizienz-Steigerungs-Projekt führt und Hilfestellung gibt. Vom Unternehmen werden der Projekt-Koordinator sowie Teilprojekt-Koordinatoren und Projekt-Teams gestellt. Damit wird erreicht, dass die Vorgehensweise und die Ergebnisse gemeinsam erarbeitet und von den Mitarbeitern akzeptiert sowie getragen werden und somit auch von Dauer sind. Die unternehmerisch erfahrenen *Effizienz-Moderatoren*, die alle über mindestens 25 Jahre Berufserfahrung als Betriebswirt, Ingenieur, Trainer, Psychologe oder Wissenschaftler verfügen, haben selbst langjährige Führungs- und Managementerfahrung als Vorstand, Geschäftsführer, Aufsichtsrat, Beirat oder Hauptabteilungsleiter. Dadurch hebt sich die Gruppe der Reschke-Effizienz-Moderatoren von unerfahrenen, selbsternannten so genannten „Unternehmensberatern" ab, deren nichts sagende Berichte dann in den Regalen der Auftraggeber verstauben.

Die *Umsetzung* mit Hilfe des 5-M-Systems besteht in einer pragmatischen Durchforstung der operativen Einheiten, Geschäftsbereiche, Problemkreise, Aktivitäten und Funktionen. Ergiebige Effizienz-Steigerungs-Potenziale werden gemeinsam aufgedeckt, gemessen und Lösungsvorschläge erarbeitet. Diese werden von den Mitarbeitern des Unternehmens mit dem Zahlenwerk bewertet.

Als langfristige Erfolge ergaben sich bei Effizienzsteigerungsprojekten mit 5-M-Methode neben den Ergebnissteigerungen mit einem ROI von mindestens 10:1:

- eine Aktivierung des Mitarbeiterpotenzials
- eine Verbesserung der Kommunikation im Unternehmen und des Betriebsklimas
- die Implementierung einer kontinuierlichen Verbesserungsmentalität.

Im Rahmen einer intensiven praktischen Einführung in das Effizienzsteigerungsmodell konnte ich mich von der Effizienz dieses Modells überzeugen. Ich habe nachfolgend wesentliche Teile des Modells in meine eigene Coaching- und Beratungsarbeit integriert.

4.2 Materielle Mitarbeiterbeteiligung

Eine konsequente Mitarbeiterorientierung im Rahmen einer modernen Personal-Ent-Wicklung erfordert meines Erachtens eine umfassende Be-Teil-igung aller Mitarbeiter, auch unternehmensrechtlich bzw. kapitalmäßig. Vielfältige Erfahrungen von Unternehmen, die ihre Mitarbeiter am Kapital beteiligt haben, zeigen positive Effekte:

- Die Zahl der leistungsmotivierten Mitarbeiter, die sich *mit „ihrem Unternehmen" identifizieren*, nimmt zu.
- Die *Produktivität* steigt.
- Für die Finanzierung des Wachstums steht *mehr Eigenkapital* zur Verfügung.
- Das *Kostenbewusstsein* wächst.
- Die *Kreativität* der Mitarbeiter wird gesteigert.
- Die *Fluktuation* der Mitarbeiter sinkt, und damit sinken die Kosten, die durch Personaleinstellungen entstehen.
- *Krankheitsbedingte Fehlzeiten* verringern sich, da sich die Schwelle, sich arbeitsunfähig zu melden, erhöht.
- Die finanzielle Beteiligungsmöglichkeit stellt einen *Anreiz für gute Fachkräfte* dar, sich zu bewerben.
- Die *Flexibilität bei den Personalkosten* erhöht sich, da „eine flexible, ertragsabhängige Lohngestaltung in angespannten Zeiten Freiraum (schafft), während sie die Mitarbeiter in guten Phasen überdurchschnittlich partizipieren lässt."[56]

Vor der Einführung einer finanziellen Be-Teil-igung der Mitarbeiter sind verschiedene *Voraussetzungen* zu klären.

Zunächst einmal muss die Mehrheit der Mitarbeiter die Beteiligungsmöglichkeit akzeptieren. Hier ist es wesentlich, die bereits angesprochenen *bewährten Grundsätze der Organisations-Ent-Wicklung* zu *beachten*. Weiterhin sollten folgende Punkte beachtet werden:

- Das *Verlustrisiko* für das eingesetzte Kapital sollte *so weit wie möglich ausgeschlossen* werden. Dies erfolgt in der Praxis z.B. über private Versicherungen und Bankbürgschaften, eventuell auch unter Einschaltung der Bürgschaftsbanken der Länder.
- Die Mitarbeiter sollten erwarten können, dass das eingesetzte *Kapital* mit hoher Wahrscheinlichkeit *besser verzinst* wird als durch eine Anlage bei Banken oder Versicherungen.
- *Keine unbeschränkte persönliche Haftung* der Mitarbeiter!
- Die *Beendigung der Beteiligung* muss in einem überschaubaren Zeitrahmen ermöglicht werden.
- Die Mitarbeiter müssen *materiell am Erfolg des Unternehmens beteiligt* werden.
- Den Mitarbeitern muss ein *Mitspracherecht bei wichtigen Entscheidungen* eingeräumt werden (Wahl eines Sprechers der beteiligten

56 So Michael LEZIUS, Geschäftsführer der Arbeitsgemeinschaft Partnerschaft in der Wirtschaft (AGP), in der Rundschau 5/99 (s. www.agpev.de).

Mitarbeiter; schriftliche Festlegung der Bereiche, in denen Einfluss genommen werden kann).

Für die Art der Mitarbeiterbe-Teil-igung stehen etliche praxisbewährte *Beteiligungsmodelle* zur Verfügung:

Beteiligungsmodelle

Mitarbeiterdarlehen

Die Mitarbeiter überlassen dem Unternehmen festgesetzte Geldbeträge. Die Verzinsung erfolgt entweder ertragsabhängig oder zu einem festen Zinssatz. Die Rückzahlung des Darlehens wird durch eine Bankbürgschaft oder eine abgeschlossene Versicherung sichergestellt. Die Kosten hierfür trägt das Unternehmen.

Stille Beteiligung

Sie wird nach außen hin nicht sichtbar.
Da die Einlagen der stillen Gesellschafter in das Vermögen des Unternehmens übergehen, stellen diese Einlagen für Banken zusätzliches Haftungskapital dar.

Zu beachten ist:

- Stille Gesellschafter verlangen i.d.R. Beteiligungen am Gewinn bzw. gewisse Kontrollrechte über die Ertragslage.
- Sie müssen i.d.R. Rechtsformumwandlungen oder einer Veräußerung des Unternehmens zustimmen.
- Ausschüttung der Gewinnanteile sowie Zinszahlungen an stille Gesellschafter sind Betriebsausgaben und vermindern den körperschaftsteuerlichen Gewinn.
- Beteiligte Mitarbeiter dürfen nicht als Mitunternehmer anzusehen sein.

Genussrechte

Die Mitarbeiter erwerben Vermögensrechte an einem Unternehmen durch Einzahlung eines bestimmten Betrages. Sie sind sowohl am Gewinn als auch am Verlust des Unternehmens beteiligt.

Zu beachten:

- Die Mitarbeiter erhalten keine Stimm-, Kontroll- oder Widerspruchsrechte.
- Genussrechte von Mitarbeitern stellen Fremdkapital dar.
- Ausschüttungen auf Genussrechte verringern die Körperschaft- und Einkommensteuer und somit den insgesamt zu versteuernden Gewinn.
- Der Gewerbesteuervorteil bezieht sich nur auf die Hälfte der Ausschüttungen.
- Die beteiligten Mitarbeiter dürfen nicht als Mitunternehmer anzusehen sein.

Für die Einführung eines Mitarbeiterbe-Teil-igungsmodells können *staatliche Förderungsprogramme* genutzt werden:

- **§ 19 a Einkommensteuergesetz**
  Vorteilsgewährungen in Form von Kapitalbeteiligungen oder Darlehensgewährungen sind steuerfrei, sofern sie nicht höher als der halbe Wert der Beteiligung sind und insgesamt 154 EURO pro Jahr nicht übersteigen.
- **5. Vermögensbildungsgesetz**
  Bis zu 480 EURO pro Jahr können Mitarbeiter im Unternehmen ihrer Arbeitgeber anlegen.

Je nach Einkommenshöhe kommt die *staatliche Sparzulage* hinzu.

Insbesondere in *mittelständischen Unternehmen* ist eine finanzielle Beteiligung von *Leistungsträgern bzw. Leitenden Mitarbeitern* interessant, nicht zuletzt mit dem Ziel, diese Mitarbeiter stärker an das Unternehmen zu binden. Sinnvoll ist hier die Gesellschafterbeteiligung solcher Mitarbeiter vor allem, wenn eine anstehende *Betriebsnachfolge in einem Familienunternehmen* nicht möglich ist. Allerdings verdienen in diesem Zusammenhang die folgenden Punkte besondere Beachtung[57]:

- Nur *überdurchschnittlich qualifizierte Mitarbeiter* sind geeignet.
- Die Gesellschafterbeteiligung ist eine *Langzeitlösung*.
- Der *Austritt von Gesellschaftern* verursacht Kosten und kann letztendlich zur Auflösung des Unternehmens führen.
- Die neuen *Mitgesellschafter haften mit ihrer Einlage*, z.B. bei einer GmbH mit ihrer Stammeinlage bzw. bei einer GmbH & Co. KG als Kommanditisten mit ihrer Kommanditeinlage. Alle *Gesellschafter einer BGB-Gesellschaft oder OHG* haften mit ihrem gesamten Vermögen.
- Zu beachten sind auch *steuerliche Aspekte* (z.B. Erhöhung der Gewerbesteuerbelastung) und Haftungsfragen im Zusammenhang mit betrieblichen Investitionen im Falle von Landesbürgschaften.
- Die *Nutzung öffentlicher Existenzgründungsprogramme* ist möglich, allerdings nur dann, wenn eine tatsächliche Unternehmereigenschaft vorliegt (neue Gesellschafter als gleichberechtigte Geschäftsführer).
- Für den Fall der *Trennung* sollten die *Regeln* eindeutig im Gesellschaftsvertrag definiert sein. Die Anrechnung eines ideellen Geschäftswertes sollte ausgeschlossen werden, um bei einer gerichtlichen Auseinandersetzung die Festlegung von Werten zu vermeiden, welche die Weiterführung der Gesellschaft durch einzelne Gesellschafter unmöglich machen könnten.

---

57 Vgl. BOGATZKI, H.: Tipps zur Unternehmensführung im Handwerk: Mitarbeiterbeteiligung. Hrsg.: Landes-Gewerbeförderungsstelle des nordrhein-westfälischen Handwerks 1996.

Finanzielle Mitarbeiterbeteiligungen sind nicht nur für Großunternehmen, sondern auch für mittelständische Unternehmen von Vorteil. Bei der Entscheidung für die Wahl des zum Unternehmen passenden Modells sollte *externe Unterstützung*, z.B. durch *Steuerberater, Rechtsanwälte* und *Banken* bzw. *Unternehmensberater*, in Anspruch genommen werden.

Eine *aktuelle Befragung* von 500 Unternehmen aller Größenordnungen zu den Auswirkungen einer Mitarbeiterbeteiligung auf die *Marktstellung* des Unternehmens und seine *Wettbewerbsfähigkeit* zeigte u.a. folgende Ergebnisse[58]:

- In 62,7% der Beteiligungsunternehmen ist das gesamte Management beteiligungsberechtigt.
- In der Regel praktizieren die befragten Unternehmen neben der Führungskräftebeteiligung eine materielle Beteiligung der übrigen Belegschaft in gleicher oder modifizierter Form. Bei Personengesellschaften ist die Vielfalt der Beteiligungsmodelle stärker ausgeprägt. Es ist anzunehmen, dass Personengesellschaften in der Regel mittelständische Familienunternehmen sind, die eine engere Beziehung zwischen Anteilseigner und Management pflegen als gegenüber den übrigen Mitarbeitern.
- Insgesamt erkannten die befragten Unternehmen für eine Führungskräftebeteiligung wesentlich mehr Vor- als Nachteile. Als vorteilhaft wurden insbesondere die Aspekte Motivation, Mitarbeiterbindung und Mitunternehmerstellung genannt. Als nachteilig wurde für Optionsmodelle die geringe Wirkung bei einem schlechten Börsenumfeld gesehen.
- Führungskräfte werden in über 70 % der befragten Unternehmen am Erfolg beteiligt. Annähernd 40 % der Unternehmen bieten eine Kapitalbeteiligung an. 13,7 % praktizieren ein Optionsmodell für Führungskräfte.
- Großunternehmen tendieren zu einer Beteiligung der Manager über Optionsprogramme. Beteiligungen am Eigenkapital oder Barausschüttungsmodelle werden in mittelständischen Unternehmen bevorzugt eingesetzt. Stille Beteiligungen sind dagegen ein Instrument zur Motivation von Führungskräften in solchen Unternehmen des Mittelstandes, deren Belegschaft durchschnittlich 50 – 1200 Mitarbeiter zählt.

58 Vgl. Pressemitteilung der Arbeitsgemeinschaft Partnerschaft in der Wirtschaft e.V. vom 6.2.2003 (http://www.agpev.de).

Als signifikantes Ergebnis wurde festgestellt, dass eine Führungskräftebeteiligung für viele Unternehmen ein wichtiges personalpolitisches Instrumentarium darstellt, mit dem die Leistungs- und Wettbewerbsfähigkeit deutlich gesteigert werden kann.

4.3 Ethik, Moral und Risikomanagement und ihre Bedeutung für die Personal-Ent-Wicklung

In *Kapitel 3.3.2* dieses Buches habe ich bereits die Bedeutung ethischer Kriterien bei der Auswahl von Mitarbeitern thematisiert.

Risiken für Unternehmen ergeben sich generell aus den Bereichen

- Technologie
- Organisation
- externe Faktoren (Naturereignis, politische Entwicklungen, gesellschaftliche Veränderungen etc.)
- Mitarbeiter.

Die hauptsächliche Ursache für Schäden in Unternehmen ist dabei das so genannte *menschliche Versagen*. Der Mensch ist somit der entscheidende Risikofaktor.

4.3.1 Risiken auf der Mitarbeiterebene

Spezielle *Risikofaktoren im Bereich der Mitarbeiter* sind:

- **Krankheit**, ausgelöst durch:
  - körperliche Überlastung
  - physische Belastungen in der Arbeitsumgebung (Lärm, Hitze, schlechte Beleuchtung etc.)
  - kognitive Belastungen (Zeitdruck, Konzentrationsanforderungen)
  - soziale Belastungen (Konflikte im Unternehmen, Mobbing etc.)
  - emotionale Belastungen (z.B. Unsicherheit des Arbeitsplatzes, Angst vor Kündigung durch den Arbeitgeber)
- **Kündigung/hohe Fluktuation**
  - insbesondere die Kündigung durch leistungsstarke Mitarbeiter ⇨ Signalfunktion

- **kontraproduktives Verhalten**
  - Diebstahl
  - Absentismus
  - Arbeitsverweigerung

Zur Eindämmung der krankheitsbedingten Risikofaktoren für das Unternehmen empfiehlt sich ein konsequentes *Betriebliches Gesundheitsmanagement* (vgl. *Kapitel 3.5*).

Aber auch hinsichtlich der beiden anderen Risikofaktoren gibt es seitens des Unternehmens *Möglichkeiten der Risikominimierung*[59]:

Betriebl. Handlungsmöglichkeiten	**Risiken**	
	Kündigung / Fluktuation	**Kontraproduktives Verhalten**
Flexibles Entgeltsystem	+	++
Berufliche Entwicklungsmöglichkeiten	++	++
Arbeitszeitmanagement	++	+
Unternehmenskultur	++	++
Auswahlverfahren	++	++

Legende: **+** = effektiv; **++** = sehr effektiv

4.3.2 Risiken auf der Ebene des Top-Managements

Risikofaktoren existieren auf allen Unternehmensebenen, selbstverständlich auch auf der *Ebene des Top-Managements.* Aufgrund katastrophaler Folgen von Missmanagement bzw. Managementfehlern hat insbesondere die *ethische Dimension unternehmerischen Handelns* in den letzten Jahren zunehmend an Bedeutung gewonnen.

Als konkretes Beispiel sei auf den in der jüngeren Vergangenheit aufgedeckten Bilanzfälschungs- und Börsenskandal bei der *US-Telefonge-*

59 Tabelle (modifiziert) nach: KRAFT, D. & VON BALDUIN, A.: Der Mensch ist Mensch – weil er Fehler macht und irrt. In: ***www.risknews.de*** 09.2002

sellschaft WorldCom verwiesen. Der Chef des Unternehmens und sein Finanzchef hatten Ausgaben als Investitionen gebucht und mit Hilfe von Buchführungstricks das Vermögen in der Bilanz für 2001 um über 7 Milliarden Dollar zu hoch ausgewiesen. Ähnliche Fälle gab es bei anderen großen Unternehmen, auch in Deutschland (man denke nur an den Zusammenbruch der Philipp Holzmann AG, der Kirch-Gruppe oder von EM.TV).

Statt Werte wie Moral, Vertrauen und Loyalität zu leben, neigten hochrangige Manager und Entscheider zu Korruption, Betrug und Selbstbedienung. Mit hemmungsloser Gier maximierten Analysten ihre Erfolgsbeteiligungen, Wirtschaftsprüfer ihre Beraterhonorare und Unternehmensführer ihre Optionspakete. Dies alles hat zu einer Vertrauenskrise der globalen Finanzmärkte bzw. zu einem Vertrauensschwund der Anleger geführt.

Inzwischen spricht man anstelle von „Stars" und „Gurus" im *Risikomanagement* von „risky people" und verweist so pointiert auf die ethisch-moralische *Vorbildrolle der Führungspersonen im Unternehmen*. Menschen bzw. Mitarbeiter lernen u.a. auch am Modell. Demnach sind *Führungskräfte Vorbilder* hinsichtlich Integrität, Fairness und Glaubwürdigkeit.

Empirische Untersuchungen zum Thema *Insolvenz* zeigen, dass *Führungsfehler* oder *Mängel im Management* die häufigsten Ursachen für Unternehmenskrisen bzw. Unternehmenszusammenbrüche sind.

„Risky people" sind eine existentielle Gefahr für die Unternehmen. Eine gute *Corporate Governance* ist daher mittlerweile ein zentrales Thema guter Unternehmensführung und Überwachung. Sie legt die *Regeln* fest, die zwischen den Eigentümern eines Unternehmens (z.B. den Aktionären) und den von ihnen verantwortlich zur Führung des Unternehmens Beauftragten (Vorstand bzw. Geschäftsführer) gelten.

Ziele der Corporate Governance[60]

= eine gute, verantwortungsvolle und auf langfristige Wertschöpfung ausgerichtete Unternehmensführung und Kontrolle. Dabei werden verbindlich festgelegt:

- die *Kontrollfunktionen und -möglichkeiten* des Aufsichtsrates
- die *Regelung von Konflikten* zwischen Vorstand und Aufsichtsrat
- die *Aufgaben der Abschlussprüfer* und die Sicherstellung ihrer *Neutralität*.

60 Vgl. ROMEIKE, F.: www.risknews.de 09.2002

In Deutschland hat eine von der Bundesregierung eingesetzte Kommission Ende 2001 einen Vorschlag für einen *deutschen Corporate Governance-Kodex* unterbreitet.

Neben formalen Definitionen zu Ethik und Moral im Unternehmensbereich ist aber auch ein *Wertewandel* unabdingbar. *Moral* muss wieder als *Wirtschaftsfaktor* entdeckt werden. Dies rechnet sich auch betriebswirtschaftlich. Denn ein fairer Umgang im Unternehmen schafft *Vertrauen bei Kunden und Lieferanten* und wirkt sich somit günstig auf den *Unternehmenswert* und die *Kreditwürdigkeit* des Unternehmens aus.

Wie bereits angesprochen (vgl. *Kapitel 3.1* dieses Buches), *„stinkt* – auch im Bereich des Risikomanagements – *der Fisch in erster Linie vom Kopf her."*

Risiken im Unternehmen sind auf **drei Ebenen** anzusiedeln:

- der Ebene der *verantwortlichen Personen*
- der Ebene der *Kooperation der Führungskräfte* des Unternehmens
- der Ebene der *Management- und Führungskultur.*

Häufig verfügen Führungskräfte über hohe *Fachkompetenzen*, aber nicht über die erforderliche *soziale (und emotionale!) Kompetenz* für den richtigen, insbesondere De-Motivation vermeidenden Umgang mit ihren Mitarbeitern. Es kommt allerdings auch vor, dass Mitarbeiter in verantwortungsvollen Positionen *Mängel im Bereich ihrer intellektuellen Ausstattung* zeigen und der ihnen übertragenen Verantwortung für hochkomplexe Sachverhalten bereits intellektuell nicht gewachsen sind. Auch dies stellt eine erhebliche Risikoquelle dar.

Eine *Dominanz von Gruppeninteressen* und eine Tendenz zu *Machtkämpfen zwischen einzelnen Gruppen von Führungskräften* sind ebenfalls Risikofaktoren. Um des unbedingten Vorteils der eigenen Gruppe willen wird in einem solchen Unternehmensklima leicht der Blick für den Gesamtzusammenhang bzw. die *Verantwortung für das gesamte Unternehmen* vernachlässigt.

Von entscheidender Bedeutung für den Erfolg eines Unternehmens ist schließlich auch die *Unternehmens- und Führungskultur.* Mängel in diesem Bereich führen zu *De-Motivation* der Mitarbeiter, die sich in innerer Kündigung („Dienst nach Vorschrift"), hohen Fehlzeiten und allgemeiner Lustlosigkeit ausdrückt. Menschliche Fehler und persönliche Schwächen sind in solchen Unternehmen tabu, es herrscht eine regelrechte *Angstkultur* mit entsprechend nachteiligen Folgen für Leistung und Ertrag des Unternehmens.

4.3.3 Ethik im Unternehmen am Beispiel der Korruption

Ein die Ethik und Moral im Wirtschafts- (und Verwaltungs-)Handeln besonders berührendes Thema ist die *Korruption*. Vor Gericht geht es dabei genauer gesagt um die – strafrechtlich relevante – Vorteilsannahme bzw. Vorteilsgewährung sowie um Bestechung bzw. Bestechlichkeit von Amtsträgern oder Angestellten. Dabei wird eine Machtposition zum eigenen Vorteil und zum Schaden anderer ausgenutzt.

Auch in Deutschland ist Korruption weit verbreitet. In den letzten Jahren ist das öffentliche Bewusstsein für die Nachteile dieses „Krebsgeschwürs“ unserer Gesellschaft gewachsen:

- Korruption *missachtet* das Gebot der *Fairness im Geschäftsverkehr.*
- Korruption *untergräbt* das *Vertrauen in den öffentlichen Dienst* bzw. in die mit öffentlichen Aufgaben betrauten Personen.
- *Korruption belastet* letztendlich *die Volkswirtschaft*, weil durch sie z.B. Leistungen und Produkte wesentlich teuerer werden (müssen).

Transparency International[61] hat mit einem *„A-B-C der Korruptionsprävention“* einen *Leitfaden* für Unternehmen bzw. Organisationen herausgegeben, um zu einer wirksamen Vorbeugung gegen Korruption in und mit dem eigenen Haus nachzudenken.

Als *erster Schritt* wird die Entschlossenheit und das *ausdrückliche Bekenntnis der Unternehmensleitung*, Korruption in jeder Form abzulehnen, betont. Denn Unternehmer, der Vorstand bzw. die Geschäftsführung tragen die Verantwortung für den Bestand und die Entwicklung des Unternehmens. Sie sind verpflichtet, vermeidbare Risiken und Schäden von ihm abzuwenden. Korruption ist eine dieser Gefahrenquellen mit hohem materiellem und immateriellem Schadenpotenzial.

In *Unternehmensleitlinien* soll den Mitarbeiterinnen und Mitarbeitern deutlich gemacht werden, dass Ablehnen und aktives Bekämpfen von Korruption die *Konkretisierung von Grundwerten* bedeutet.

In einem *zweiten Schritt* werden *korruptionsanfällige Schnittstellen und Geschäftsvorfälle* im Unternehmen geortet. Dabei sollten die jeweilig betroffenen Mitarbeiter beteiligt werden.

Im *dritten Schritt* werden *Maßnahmen* entwickelt, um Risiken auszuschließen oder zu verringern. Organisatorische Maßnahmen sind z.B.:

61 www.transparency.de

Verbesserung der Buchführung, Einführung von Funktionstrennungen, Vier-Augen-Prinzip oder Personalrotation.

Das Verhalten der Mitarbeiter wird in einem Katalog von Geboten und Verboten, einem so genannten *Verhaltenskodex*, geregelt.

Der *vierte Schritt* ist die *praktische Umsetzung*. Dies ist ein kontinuierlicher und konsequenter Prozess der Sensibilisierung, um das Unrechtsbewusstsein zu schärfen. Dabei sind regelmäßige *Information, Erfahrungsaustausch* und *Schulungen mit praxisnahen Fallbeispielen* erforderlich. Selbstverständlich muss das Programm in seiner praktischen Bewährung *evaluiert* werden und seitens der Unternehmensleitung dauerhaft „auf der Tagesordnung" gehalten werden.

5. Moderne Personal-Ent-Wicklung: Zusammenfassung der Kerngedanken und Ausblick

Ich hoffe, dass ich durch das Themenspektrum und die praktischen Beispiele aus meiner Beratungspraxis Ihnen, liebe Leserin, lieber Leser, deutlich machen konnte, dass moderne Personal-Ent-Wicklung nicht etwas ist, was „am grünen Tisch" über die Köpfe der Betroffenen hinweg eingeführt oder verordnet werden könnte. Es geht – soweit als irgend möglich und praktisch machbar – im Kern um die

Be - Teil - igung aller Mitarbeiterinnen und Mitarbeiter an der Gestaltung und Umsetzung von Personal-Ent-Wicklung bzw. Organisations-Ent-Wicklung.

Ein weiteres Anliegen des Buches ist es aufzuzeigen, dass *(unternehmens-) kulturelle Faktoren* im Sozialgefüge eines Unternehmens von grundlegender Bedeutung für die Motivation und letzten Endes auch für den wirtschaftlichen Erfolg eines Unternehmens sind. Dabei hat die Unternehmensleitung – das Top-Management und die Mitarbeiter mit Führungsverantwortung – eine Schlüsselrolle, ist Motor der Veränderung, aber auch *Vorbild*. Denn wie sagte schon *Goethe*, Sprichwörtlich:

Mit einem Herren steht es gut,
der, was er befohlen, selber tut.

Das Beispiel des Anti-Korruptions-Leitfadens sollte auf der ethisch-moralischen Dimension verdeutlichen, wie wichtig eine einheitliche, *alle Unternehmensebenen und Personen eines Unternehmens einbeziehende Vorgehensweise* bei der Gestaltung der Unternehmenskultur ist.

Seit über 100 Jahren gibt es *Managementmodelle, die den Mitarbeiter in den Mittelpunkt gestellt haben:*[62]

– Zu Beginn des 20. Jahrhunderts stand der Mitarbeiter insofern im Mittelpunkt, als eine Trennung von Kopf- und Handarbeit erfolgte. Eine *tayloristische Führungsphilosophie* beinhaltete ein Menschenbild, in dem der einfache Arbeiter eben nicht mitdenken sollte. Am besten sei

62 Vgl. hierzu den sehr lesenwerten Artikel von Walter BUNGARD in: GAUGLER, E. & WEBER, W. (Hrsg.): Handwörterbuch des Personalwesens. Stuttgart 1998.

er – so die zum Teil heute noch lebendige Auffassung – durch Entlohnung und Kontrollen zu motivieren.

- In den 70er Jahren führte Volvo in Schweden so genannte *teilautonome Arbeitsgruppen* ein und ersetzte das Fließband durch vollständigere Arbeitsplätze. Die Resonanz bei den Mitarbeitern war sehr groß, Fehl- und Fluktuationsraten sanken, und das Ganze erwies sich als wirtschaftlich sehr effizient. Trotz nachgewiesener Erfolge dieser Philosophie konnte sie sich jedoch nicht durchsetzen, da sie die Machtposition des Managements und die Kompetenz der Stäbe bedrohte.
- In den 80er Jahren entwarfen EDV-Spezialisten die Vision einer menschenleeren Fabrik. *Computer-Integrated-Manufacturing (CIM)* war das Zauberwort und machte die Mitarbeiter zum Ansatzpunkt für eine beispiellose Rationalisierungswelle. Die Vorstellung des auf Knopfdruck beliebig steuerbaren „Kollegen Roboter" übte auf viele Manager eine unwiderstehliche Faszination aus.
- Ende des 20. Jahrhunderts sorgte das *Lean Management* für Schlagzeilen. Die Analyse des Erfolgsgeheimnisses der japanischen Automobilindustrie zeigte u.a., dass Qualität und Produktivität vor allem in Teams mit schlanken Organisationsstrukturen erbracht werden. Allerdings hatte dieser Ansatz mit einer humanistisch orientierten Philosophie, wie sie in den genannten teilautonomen Arbeitsgruppen umgesetzt wurde, wenig gemeinsam: Statt langsamer wurde das Band schneller eingestellt, und von einer Reduzierung hierarchischer Strukturen konnte keine Rede sein. Die schlanke Fabrik, in der der Mitarbeiter als Teammitglied im Mittelpunkt stand, führte zu extremer Arbeitsverdichtung, der jüngere Mitarbeiter noch am besten standhalten konnten. „Ältere" Arbeitnehmer ab etwa 50 Jahren wurden haufenweise „human" in den Vorruhestand katapultiert, wobei die Folgekosten gerne sozialstaatlichen Einrichtungen aufgehalst wurden.
- In den 90er Jahren erhob sich die Forderung nach einer Integrationsstrategie indirekter Funktionen in die direkte Wertschöpfungskette bei gleichzeitiger Erhöhung der Attraktivität der Arbeit für die Mitarbeiter. *Hierarchien wurden abgebaut, Organisationsstrukturen wurden dezentralisiert.* Das Problem dabei: Aus der Sicht der oberen Führungskräfte bedeutet dies einen Verlust direkter Kontrolle, und mit dem Entstehen eines Machtvakuums sind Prestigeverlust und eine Gefährdung der eigenen Führungsposition verbunden.
- Die ebenfalls in den 90er Jahren anrollende *ISO-9000-Welle* sollte in Form von Handbüchern und Standardisierungen die Mitarbeiter quasi

aus der Ferne disziplinieren. Die Praxis zeigt, dass eine sich formalistisch gebärdende Qualitätssicherung bei den Mitarbeitern eher auf Skepsis und Ablehnung stößt bzw. als Gängelung erlebt wird.

- Neuerdings sind *Zielvereinbarungskonzepte* wieder aktuell. Ziele sind aber nur dann motivierend, wenn sie tatsächlich *vereinbart* werden. Das Commitment, also die Akzeptanz, der Mitarbeiter ist hierbei der zentrale Erfolgsfaktor. In der Praxis werden diesbezüglich jedoch häufig eher alte Denkmuster im Umgang mit Mitarbeitern reaktiviert: Ziele werden verkündet, und der Mitarbeiter wird zum passiven Empfänger von Zielen, die seitens der Unternehmensleitung festgelegt werden. Damit wird die motivierende Wirkung dieser Managementmethode allerdings verfehlt, sie wirkt – so verstanden und angewandt – im Gegenteil demotivierend.

Etwa zwei Drittel der Umstrukturierungs- bzw. Reorganisationsprozesse in Unternehmen scheitern an der mangelnden Akzeptanz durch die Mitarbeiter. Warum, so fragen sich nicht selten die Mitarbeiter, soll ich auf Kundenwünsche eingehen, wo doch auf meine Bedürfnisse keine Rücksicht genommen wird?

Gut gemeint ist eben (auch) bei Personalentwicklung nicht immer gut getan. HOHNER hat sich in einem sehr lesenswerten Beitrag Gedanken gemacht zu einer *ethikorientierten Personalentwicklung.*[63] Am Beispiel der *Einführung von Gruppenarbeit* zeigt er auf, dass das Prozedere der Einführung in paradoxer Weise der Intention einer stärkeren Selbstbeteiligung und Selbstkontrolle der Mitarbeiter widerspricht, da es sich um eine von Experten entwickelte, von Entscheidungsgremien verabschiedete und ‚top-down' realisierte Maßnahme handelt. HOHNER kommentiert:

> *„Erst wenn die Entwicklungsmaßnahmen von Beginn an auch die Mitarbeiterebene berücksichtigen, wenn die Betroffenen – Person für Person – als Experten ihrer Arbeit gehört und sie als Individuen mit ganz unterschiedlichen Interessen, Ängsten usw. ernst genommen werden, dann würde das Verfahren den Kriterien einer ethikorientierten Personalentwicklung standhalten."*[64]

In diesem Sinne wünsche ich einer humanen, ganzheitlich orientierten *modernen Personal-Ent-Wicklung* noch mehr Eingang in die betriebliche Realität.

---

63 HOHNER, H.-U.: Perspektiven für eine ethikorientierte Personalentwicklung. In: BLICKLE, G. (Hrsg.): Ethik in Organisationen, Göttingen 1998.
64 Vgl. HOHNER, H.-U., a.a.O., S. 214.

Literaturverzeichnis

Becker, M. Personalentwicklung. Bildung, Förderung und Organisationsentwicklung in Theorie und Praxis. Stuttgart 2002

Beyer, M. BrainLand – Mindmapping in Aktion. Paderborn 1993

Brinkmann, R. Mitarbeitercoaching. Heidelberg 1994

Bungard, W. in: Gaugler, E./Weber, W. (Hrsg.) Handwörterbuch des Personalwesens. Stuttgart 1998

Crisand, E. Arbeitshefte Führungspsychologie, Band 1 „Psychologie der Persönlichkeit“, 6. Aufl. Heidelberg 1992

Domsch, M./Schneble, A. (Hrsg.) Mitarbeiterbefragungen. Heidelberg 1990

Dorsch, F. Geschichte und Probleme der Angewandten Psychologie. Stuttgart 1963

Gehringer, J./Michel, W. Frühwarnsystem Balanced Scorecard. Unternehmen zukunftsorientiert steuern. Mehr Leistung, mehr Motivation, mehr Gewinn. Düsseldorf/Berlin 2000

Goleman, D. EQ2 – der Erfolgsquotient. München 1999

Gros, E. (Hrsg.) Anwendungsbezogene Arbeits-, Betriebs- und Organisationspsychologie. Göttingen 1994

Hohner, H.-U. Perspektiven für eine ethikorientierte Personalentwicklung. In: BLICKLE, G. (Hrsg.): Ethik in Organisationen. Göttingen 1998

Knebel, H. Taschenbuch für Bewerberauslese. Heidelberg 1996

Kübel, R. Ressource Mensch. Erfolg durch Individualität. München 1990

Marcus, B. Kontraproduktives Verhalten im Betrieb. Göttingen 2000

Raab, S. Entwicklung personaler und sozialer Ressourcen in Organisationen. Frankfurt am Main 1993.

Rauen, C. Coaching. Göttingen 1999

Reschke, D. F./Michel, W. Effizienz-Steigerung durch Moderation. Projektmanagement und Sanierungsprojekte professionell durchführen. Heidelberg 1998

Schlicksupp, H. Innovation, Kreativität & Ideenfindung. Würzburg 1980

Schöning, H.	Abschied von Taylor – Abschied vom Assessment Center. In: Arbeitskreis Assessment Center e.V.: Assessment Center als Instrument der Personalentwicklung. Hamburg 1996.
Schuler, H. (Hrsg.)	Lehrbuch Organisationspsychologie. Göttingen 1993.
Stahl, T.	Neurolinguistisches Programmieren (NLP). Was es kann, wie es wirkt und wem es hilft. Mannheim 1992
Vester, F.	Die Kunst, vernetzt zu denken. Ideen und Werkzeuge für einen neuen Umgang mit Komplexität. Der neue Bericht an den Club of Rome. München 2002
von Eckardstein, D. et al.	Psychische Befindensbeeinträchtigungen und Gesundheit im Betrieb, München und Mering 1995
Werner, E.	Arbeitshefte Führungspsychologie, Band 52 „Schlüsselqualifikationen. Persönliche Voraussetzungen für beruflichen Erfolg“. Heidelberg 2003
Wöhe, G.	Einführung in die Allgemeine Betriebswirtschaftslehre. München 2000
Wompel, M.	Jagd auf Kranke – Rückkehrgespräche auf dem Vormarsch. Offenbach 1998
Wottawa, H./ Gluminski, I.	Psychologische Theorien für Unternehmen. Schriftenreihe: Wirtschaftspsychologie. Göttingen 1995

Sachregister

Arbeitshefte Führungspsychologie

1 Psychologie der Persönlichkeit
2 Grundlagen der Führung
3 Führungsstile
4 Motivation
5 Kommunikation I
6 Kommunikation II
7 Arbeitsmethodik I
8 Arbeitsmethodik II
9 Gezielte Verhaltensänderung
10 Transaktions-Analyse
11 Psychologie der Gesprächsführung
12 Psychologie der Jugendzeit
13 Anti-Stress-Training
14 Lernpsychologie für den beruflichen Alltag
15 Konflikttraining
16 Führung von Gruppen
17 Ursachen von Erfolg und Misserfolg im Betrieb
18 Das Gespräch in der betrieblichen Praxis
19 Psychologische Grundlagen im Führungsprozess
20 Das Sachgespräch als Führungsinstument
21 Präsentation
22 Mitarbeiter-Coaching
23 Methodik der Konfliktlösung
24 Akzeptiertes Führungsverhalten
25 Know-how der Persönlichkeitsbildung
26 Umgang mit suchtgefährdeten Mitarbeitern
27 Unternehmenskultur und Ethik
28 Entwicklung zur Führungspersönlichkeit
29 Die erfolgreiche Führungskraft
30 Prinzipien der Führungsorganisation
31 Das Rückkehrgespräch
32 Interaktive Führung
33 Konferenzen organisieren und durchführen
34 Innovatives Führen
35 Innovative Teamarbeit
36 Führungsprinzip Achtsamkeit
37 Rhetorik und Präsentation
38 Projektmanagement
39 Schöpferisch mit System
40 Stress bewältigen durch Kreativität
41 Soziale Kompetenz
42 Der Kontinuierliche Verbesserungsprozess (KVP)
43 Frauen in Führungspositionen
44 Führen und helfen in Krisen
45 Coaching und Führung
46 Customer Relationship Mangement
47 Persönliche Grenzen erleben und gestalten
48 Intervision
49 Entscheiden – eine Führungsaufgabe
50 Kooperatives Führen mit Regeln und Autorität
52 Schlüsselqualifikationen
53 Älter werden im Beruf
54 Das Konzept „Mitarbeiter im Dialog" (MID)
55 Effizientes Verhandeln
56 Motivation durch Zielvereinbarungen